UNNO
BUZZ

CLEMILDA THOMÉ
COM ANA GARMENDIA

AFORTUNADA

Publisher ANDERSON CAVALCANTE
Executiva CÉFARA MORAES
Coordenador editorial NESTOR TURANO JR.
Editoras assistentes ÉRIKA TAMASHIRO e LAURA CAMANHO
Assistente editorial BEATRIZ FURTADO
Texto ANA GARMENDIA
Editor de texto JÚLIO RÖCKER NETO
Revisão DANIELA FRANCO e AMANDA OLIVEIRA
Capa e projeto gráfico BRUNO PALMA E SILVA
Fotos de capa e quarta capa BOB WOLFENSON

Comercial VANESSA ALMEIDA, TACIANE FERREIRA, TAÍRES PEREIRA e ALINE CRUZ
Comunicação e marketing LEONARDO CAVARZAM, ISABELLE PELOZZO e RAFAELLA RHEIN
Eventos MARISA MARIANNO e RAYANA ALANA
Operações VERA DANTAS, FLÁVIO BOMBARDI, WILLIAM ARAÚJO, RAFAEL VALENTIN e ZENI MARTINS DOS SANTOS

Nesta edição, respeitou-se o novo Acordo Ortográfico da Língua Portuguesa.

Dados Internacionais de Catalogação na Publicação (CIP)
(Câmara Brasileira do Livro, SP, Brasil)

Thomé, Clemilda
Afortunada / Ana Clara Marcon Garmendia
e Clemilda Jesus Rodrigues de Paula Thomé
1ª ed. São Paulo: Buzz Editora, 2025
208 pp.

ISBN 978-65-5393-480-1

1. Experiências – Relatos 2. Mulheres – Autobiografia
3. Mulheres – Histórias de vida 4. Narrativas pessoais
5. Superação 6. Thomé, Clemilda I. Garmendia,
Ana Clara II. Título.

25-276275 CDD 920.72

Índice para catálogo sistemático:
1. Mulheres: Autobiografia 920.72

Aline Graziele Benitez, Bibliotecária, CRB 1/3129

Buzz Editora Ltda.
Av. Paulista, 726, Mezanino
CEP 01310-100, São Paulo, SP
[55 11] 4171 2317
www.buzzeditora.com

A meus pais, pela vida e por tanta dignidade!
Ao Espírito Santo, meu eterno guia.
Ao meu bom Deus, que está acima de todas as coisas.

PREFÁCIOS

I – POR BRUNO ASTUTO

Como a menina que saiu da roça aos 10 anos e sobreviveu a um incêndio se tornou uma das empresárias mais influentes do Brasil

A sedutora manchete da revista *Época Negócios*, de dezembro de 2020, poderia resumir o propósito deste livro ou o interesse do leitor por ele, mas estas páginas lhe darão mais, bem mais.

Não se trata de um manual com receitas fáceis e rápidas para alcançar o sucesso profissional. Cada história é única, moldada por circunstâncias, experiências e escolhas individuais. A saga de superação e vitória de Clemilda Thomé fascina, sobretudo por sua capacidade de ter chegado "lá" inteira, íntegra, apesar de todos os desafios que enfrentou. E por nunca sequer ter cogitado que finalmente alcançou seus objetivos. Como toda atleta da vida que sobe ao pódio, ela corre não pelo troféu, mas pelo prazer de correr.

Aqui Cle, como é carinhosamente chamada, ensina que uma largada precoce pode tirar você da competição; que prestar atenção na própria respiração é fundamental; que as dores fazem parte; que o espírito de time é fundamental. E, finalmente, que o caminho é a própria recompensa. Com tudo o que conquistou, Cle não se tornou *blasée* diante da vida: seus olhos ainda se encantam e seu coração vibra com as surpresas que ela lhe reserva.

É um ser em constante movimento, uma força da natureza que passeia à vontade pelos assuntos mais díspares, por meio das *startups* em que investe: regeneração celular, alimentação bio e até MMA. Uma mulher livre, independente, que nos contagia e inspira com sua curiosidade, sua empatia, seu apetite pela vida e seu talento em conciliar o inconciliável: pragmatismo e fantasia. Ironia do destino: se a vida parecia não lhe ter sorrido de início, ela fez fortuna reconstruindo os sorrisos dos outros.

Em nossos anos de amizade, Cle me ensinou a trocar a culpa das vitórias pelo senso de merecimento; a não ter compromisso com os erros (impressionante sua capacidade de admitir os seus próprios, corrigindo a rota a tempo); a não confundir persistência com teimosia. Enfim, tenho o privilégio de desfrutar intimamente da presença da conselheira com a qual todo mundo sonha e que você conhecerá melhor nestas páginas: não uma guru que tem resposta para tudo, mas, sim, a que faz as perguntas certas. Talvez essa seja a *clé*, "chave" em francês, para o sucesso de Cle.

Um dia, andando pelo seu lindo apartamento em Paris, eu não me contive: "E pensar que você não tinha nem geladeira na infância". E ela: "Mas pense bem: a comida era sempre fresca". Essa é a nossa Cle. Ao conhecer sua história, você também vai virar a chave.

PREFÁCIOS

II – POR KARINA PELOI CARVALHO

Conheci a Clemilda em 2019 numa jornada do Protagon, um dos eventos presenciais que faço ao lado do meu marido, Wendell Carvalho. No evento, trabalhamos o desenvolvimento humano, e Clemilda participava com o Mamá, seu marido. Eram nossos alunos. E, justamente naquele momento, estávamos fazendo uma campanha de doação em dinheiro para perfuração de poços no continente africano. Pedimos qualquer valor para ajudar. Nossa proposta era: para cada real doado, doaríamos mais um real. Foi quando Clemilda se levantou e doou um poço inteiro. Claro que nos chamou a atenção por ser um valor mais alto do que as pessoas costumavam doar e logo vimos que ali havia alguém disposto a fazer algo de uma maneira marcante.

Depois disso, precisei entrar em contato com ela diretamente para finalizar a doação e, a partir daí, passamos a nos falar. Um encontro em Jurerê, Santa Catarina, um papo a mais, um combinado de vamos jantar... E assim fui me aproximando dessa mulher que impressiona sob muitos aspectos. Já seria legal falar dela como alguém que está numa alta posição e se propõe a doar, ajudar mais do que o que se espera, algo que deveria ser comum entre os que podem fazer mais, contudo, Clemilda vai além. Seu maior atributo? A determinação. Ela consegue fazer bem tudo a que se propõe, seja em questões ligadas ao trabalho, seja na surpreendente *performance* física.

Clemilda tem uma história de superação, de transformação da sua realidade de vida, financeira, social e cultural, e não para por aí. Ela continua em busca de aprender mais, desenvolver mais, ajudar mais. É impressionante ver Clemilda ao vivo. Ela comprova que é possível, sim, alcançar nossos objetivos se estivermos dispostos a trabalhar por eles em diversas frentes. Ela fez e faz isso.

Eu tenho uma certeza inabalável de que toda e qualquer pessoa pode mudar a própria realidade, mas para isso se faz necessário vencer três grandes barreiras. A primeira é a do senso de incapacidade, algo comum à grande parte das pessoas. É preciso acreditar que é possível criar uma nova realidade. A segunda, se dispor a aprender o que não sabe e a partir daí ir em busca de estudo, trabalhando e desenvolvendo a intelectualidade, sem perder a noção de que, para isso acontecer, é necessário cuidar e evoluir emocional e espiritualmente. E, por fim, a terceira, que é passar pelos percalços, dores e desafios dessa transformação e seguir fazendo, sem desistir, até que a nova realidade aconteça, pois, ao superar as duas primeiras barreiras, sem desistir, vai acontecer. Isso é certo!

Para mim, Clemilda representa a pessoa que foi capaz de passar por essas barreiras, por isso fiquei tão feliz ao saber que ela havia sido impulsionada a contar a sua história naquele dia do curso, em que estava ao lado de cerca de dois mil alunos e foi tocada pela vontade de dar mais uma contribuição, além de outras tantas que ela já dá. Tenho certeza do que ela representa no nosso contexto social, como mulher e grande empresária que é. Quem ler estas páginas vai, sem dúvida alguma, conhecer uma grande história de superação, uma trajetória de vida que merece ser contada e lida.

Aqui vocês vão encontrar inspiração e tenham certeza: todos podem mudar as suas realidades, desde que haja muita dedicação, estudo e trabalho. Clemilda é a prova viva disso.

O PRIMEIRO CAPÍTULO

Desde pequena, gostei de brincar de gente grande. Em vez de bonecas, coisa que eu não tinha por ser pobre demais, aproveitava o que a exuberante natureza de onde eu nasci e fui criada oferecia para mim. Venho de Rodeio Bonito, comarca de Sapopema, uma pequena cidade que ainda nem existia quando eu nasci. Antes era campo mesmo e ficava entre os municípios de Curiúva e São Jerônimo da Serra, no interior do Paraná, lá onde faz estrada para São Paulo. Em 1960, virou Sapopema e, bem, essa é outra história. A minha é a de uma menina que acreditava que seria vencedora. Pelo destino, alguns diriam. Pelas mãos de Deus, afirmo e creio eu.

Nasci Clemilda Rodrigues de Paula, em 25 de dezembro de 1954 (viu, Sapopema ainda era mato!), filha de Jaime Guerreiro de Paula e Eloína Rodrigues de Paula, quase a raspa do tacho. Eles eram lavradores. Sou a 14ª de uma turma de 15, sendo nove homens e seis mulheres. Talvez por ter sido muito tempo a caçula – meu irmão mais novo nasceu quando eu tinha uns cinco anos –, fui sempre levada para todos os lados acompanhando os maiores, daí comecei a sonhar e ver coisas da vida de adultos muito cedo. Ao mesmo tempo que eu via as dificuldades de meus pais para nos criar, vi também muito trabalho, honestidade e a certeza de que quem plantava, colhia. Acreditem. Colhe mesmo. Sou o testemunho vivo disso.

Assim passei os primeiros anos de minha vida a construir realidades melhores do que as que eu vivia. Tudo bem organizado na minha mente. Para mim, um galho de árvore, daquelas cheias de raízes que parecem veias grudadas na terra vermelha da pequena região no interior do Paraná, era um imenso prédio onde eu construía meu "império de sonhos". Ali, naquela pequena (que para mim era gigantesca) árvore, tracei meus primeiros planos, organizei meus andares (cada galho era um andar com uma funcionalidade na minha pequena mente brilhante). Com pelotas de barro, eu fazia minhas armas para caçar pombos e alimentar minha família. Bem, eu era apenas uma pequena criança! E sempre gostei de alimentar pessoas, pois sabia o quão importante era a comida, algo tão sagrado e, muitas vezes, raro na nossa mesa. Menina minúscula, filha de uma família de lavradores que a duras penas tentava cuidar da terra para dar sustento aos filhos, cresci no meio de um campo de dificuldades para ter o que comer, em contrapartida com fartura de amor.

Minha mãe, uma mulher simples, sem estudo, mas com muita sabedoria e uma abundância de fé inabalável, me transmitiu o amor e a devoção a Deus.

Nasci no dia de Natal e, só isso, aprendi com ela, já era uma dádiva! Imagina nascer no dia de Jesus Cristo? Para mim, era um sinal divino e, ainda muito pequena, eu já sabia, acreditava que era a escolhida d'Ele e, por isso, nos meus aniversários, mesmo que com poucos recursos, minha mãe e minhas tias faziam muitos bolos, os quais compartilhávamos com outras crianças. Ali, mesmo ainda sem entender o senso de tudo, vivi o prazer de compartilhar e conheci a fé e a crença inabaláveis em Deus. O Divino Espírito Santo se revelava para mim como uma certeza em meu coração, com a qual tracei uma vida embasada em sonhos na construção de um mundo melhor para mim, para os meus e para o máximo de pessoas que querem viver com dignidade e abundância. É minha certeza de que sou merecedora e escolhida d'Ele. Esse é o meu propósito.

Acreditem, todos fomos criados para vencer. Deixem-se guiar pela fé, pelo Ser Supremo que os criou e implantou dentro de cada um características únicas. Nunca se esqueçam disso!

Não tenho dúvidas de que nasci para vencer (e você também, viu?) e viver o melhor. Todos que convivem comigo sabem que ainda carrego a pequena Cle, a menina que vem de um berço cheio de referências, que segue os ensinamentos da mãe, que se inspira na elegância da avó, que traça os caminhos de cuidados que aprendeu com a irmã, que jamais esquece os ensinamentos da tia e honra o que também aprendeu com seu pai. Família é minha fortaleza e meu legado. Tive uma formação pautada em valores sólidos transmitidos por meus humildes e simples pais e quero que todos possam absorver – cada um à sua maneira, porque somos seres únicos – o que aqui compartilho: parte da minha vida.

Eu o convido a reviver comigo recortes da minha jornada por aqui!

E que, ao ler minha história, você possa saber que também foi escolhido. Todos somos filhos de Deus. Todos podemos.

Boa leitura!

Os teus olhos viram o meu
corpo ainda informe, e no
teu livro todas as coisas foram
escritas, as quais iam sendo
dia a dia formadas, quando nem
uma delas ainda havia.

Salmos 139:16

PARIS

OUTUBRO, 2023

É domingo!!

São 9h30 em Paris, horário de verão.

Já tomei meu café da manhã simples e delicioso.

Frutas, suco, ovos (sempre!), um *croissant*, claro, pois quando estou em Paris é algo de que não abro mão de aproveitar.

E tenho meus rituais de alimentação que sigo em qualquer lugar do mundo. Para mim, alimentação boa e de qualidade é essencial. Exercícios físicos também. Em todas as minhas casas (Paris, Camboriú, Jurerê e Curitiba), priorizo refeições básicas, o que é essencial para minha saúde, meu bem-estar. Valorizo muito.

Por mais que eu tenha me tornado uma mulher rica, não deixo de gostar do que é essencial, simples e bom. E, além de voar na imaginação, cravo meus pés no chão quando necessário. E isso se faz muitas vezes.

Vim passar alguns poucos dias. Embora seja dona do meu tempo, minha ligação com o Brasil é sempre muito forte. E estamos, meu marido (Mamá) e eu, curtindo essa cidade que me é tão especial. Meu filho mais velho, José Guilherme, estudou aqui e com ele aprendi a adorar a cultura e a vivência francesa. O mais novo, o João Alfredo, tem acompanhado o pai na área da construção. Depois falarei mais de meus dois maiores tesouros!

Quando comprei meu apartamento aqui, decidi que ele seria bem funcional: são duas suítes, um quarto, duas salas, cozinha. Aqui é uma extensão das minhas outras casas. Tenho objetos que me conectam com o que eu gosto e gosto de me sentir confortável. Ficar em grandes hotéis pode ser bem fascinante, mas dormir na cama da gente é sempre o melhor. Por isso, escolhi ter um apartamento em Paris, um dos lugares onde me sinto em casa.

Pela janela, consigo ver a Torre Eiffel. O sol ainda não bateu na minha sala, mas pela cor dos objetos, pela luz, já sei que ele vai chegar. Amo tanto esse lugar. Ao acordar, espio a dama de ferro e agradeço por isso, aliás agradeço sempre pela vida que tenho. Sempre fui assim. Grata, até quando as coisas não eram como hoje. De um jeito ou de outro, sempre soube que os momentos não bons eram oportunidades para eu crescer. Não quero me passar por uma otimista que vê só o que é bom, pois sei que o mundo e a vida são cheios de altos e baixos. Quero dizer com isso que sou alguém que acredita e coloca propósitos em tudo. Sou bem obstinada. E isso já nasceu dentro de mim.

Falei para o Mamá que ano que vem quero passar ou morar um tempo aqui! Quero estudar francês, aprender mais. Já entendo bastante, mas preciso de uma imersão. Sempre aprendendo, um hábito de vida que tem me acompanhado e que, se eu puder aconselhar, diria e digo sempre: aprendam, estudem.

Venho muitas vezes para cá: sou convidada para desfiles, viagens ligadas ao mundo do luxo e da moda, mas quero vir e ficar morando, tendo a vida local. Nada melhor para conhecer culturas. A vida real, o dia a dia, nos ensina muito sobre os povos.

É um ritual.

Aos sábados ou, às vezes, aos domingos, gosto de ir à missa, não importa onde estou. Vamos à igreja da Medalha Milagrosa hoje. É sagrado. É minha ligação mais forte. A minha devoção vem sempre em primeiro lugar. Depois vou contar um pouco dessa experiência. Gosto de compartilhar minhas vivências. Acredito que alguém sempre pode aprender comigo, como eu aprendo observando os outros. Aliás, uma coisa que eu sempre fiz e faço é ouvir o outro. Aprendi muito observando e assim acho que cheguei bem longe. Da pequena Sapopema para o mundo! Se eu posso, por que não os outros? Sonhos se realizam. Você também pode. Todos podemos. Claro, não sem trabalhar muito, no meu caso e no da maioria das pessoas. O trabalho é a base de tudo que fiz na vida. Aliás, agora lembrei que dois anos atrás, logo depois do fim da pandemia, fui homenageada lá onde nasci! Recebida com honras! A cidade toda foi para a rua me ver chegar. Fiquei bem emocionada, pois sempre faço questão de dizer de onde venho. E venho de lá, do mato, de um lugar pequeno onde fui criada com tanto amor pelos meus pais.

Não esqueço. Eu sou escolhida d'Ele.

Que quentinho no meu coração.

Fiquem com Deus.

SONHOS DE CRIANÇA

RODEIO BONITO, 1959

Meu nome de nascença é Clemilda, mas me chame de Cle. Gosto da proximidade com quem gosta de mim e acredito que esse seja o seu caso, já que você está aqui lendo um pouco da minha história. Vamos lá: tenho cinco anos. Ao me levantar, sempre penso que devo ir ao lugar que eu mais amo, meu *playground*. É uma árvore de onde vejo tudo o que quero nessa beleza que a natureza me ofereceu como prosperidade.

Nossa casa é muito simples, fica no alto de uma ribanceira, de onde posso ver como é o meu mundo de cima. Sou uma criança alegre, interessada e cheia de ambições em ter a melhor casa, igual às da cidade grande. Sei que em Curitiba existem prédios, mas nunca saí daqui do interior do Paraná. São minhas primas que contam muito sobre a cidade e eu imagino, sonho, projeto tudo o que "vejo" com minha imaginação infantil, com beleza, esplendor e, claro, riqueza de detalhes. Essa cidade grande da minha cabeça é a árvore onde eu brinco. Para mim, ela é gigante como um prédio, coisa que eu nem conheço, e o rio Tibagi passa ao lado, logo ali debaixo da nossa humilde casa. Sonhos de criança!

Minha mãe lava as roupas no rio e eu desço a ribanceira com ela, mas sempre "paro" no meu prédio. Sou uma fazendeira que tem uma vaquinha linda da qual tiro leite. Pego minha vaca, que na verdade é um pé de mandioca, a ordenho e sirvo o leite fresquinho às minhas primas que vieram passar o Natal, dia em que, como você já sabe, é também meu aniversário. Apesar de eu imaginar muita riqueza por aqui, minha fazenda (da fazendeira rica que sou) é um matagal, mas quem disse que sonho tem limites? Para mim, nunca teve. Anote. Nas minhas falas pessoais e no meu mundo de brinquedo, a vida aparece como um cenário de filme, pois tudo o que vejo transformo em riqueza, mas na real sou muito pobre, de dinheiro, por enquanto!

Sonho em transformar a vida da minha família e tirá-la da situação de penúria em que vivemos. Isso me parece distante, muito distante. Hoje pela manhã, nos levantamos cedo, como de costume. A mãe já nos deu leite com açúcar mascavo e hortelã. O sabor dessa nossa primeira refeição é amor de mãe. Ela mesma produz nosso açúcar e assim estamos todos crescendo muito saudáveis. Estou tão feliz, porém essa felicidade dura poucas horas, porque chove muito lá fora e ainda não pude descer e ver meu prédio, olhar meus negócios. Só quando parar de chover é que eu vou poder sair.

Ao sair, me deparo com uma cena catastrófica: minha árvore adorada, o palco dos meus sonhos, acaba de desabar. Choro muito, minha tristeza é profunda e acho que esse é o primeiro momento da minha vida em que compreendo o que é ter uma ilusão roubada, aniquilada, totalmente destruída. Estou muito desapontada. Ali, completamente triste pelo que o destino acaba de me desvendar como "sina", me lembro das minhas primas, da cidade grande, dos prédios que estão lá. Não! Eu não posso desistir, vou pegar o resto dessa árvore e reconstruí-la a meu gosto. Bem, meu prédio não é um prédio qualquer. Ali deposito todos os meus sonhos. Cada galho, um andar. Tenho muitas garagens também para colocar meus carros nessa minha fábrica interna de sonhos. E, antes de tudo, tenho uma fé inabalável. Tenho muito orgulho da minha construção, faço meu supercarro com um sabugo de milho e pau de fósforos. Aproveito para incrementar tudo e me exibo novamente feliz às primas, aos vizinhos, a quem dedicou um pouco de tempo a "olhar" meu mundo.

Com esse pensamento disruptivo, enfrentei minha primeira crise e com ele, ao longo da minha trajetória, fui ultrapassando dificuldades, com o espírito da menina Cle sempre vivo e pulsante dentro de mim. A perda da árvore que eu tanto amava e na qual brincava na sombra formada pelos galhos me fez dar um novo significado a ela: o que antes era um lugar de lazer continuou sendo meu lugar de brincar, mas agora os galhos caídos tinham outra função. Essa forma de lidar com o problema – que ainda muito pequena tive a perspicácia de conduzir – foi algo que nasceu em mim e que pude ir trabalhando, apurando ao longo de minha vida.

Convido você também a fazer isso com as suas derrotas, pois todos as temos. A forma como lidamos com elas é que muda tudo. Além dos meus "carrinhos" de brinquedo, eu ganhava muitas santinhas das minhas tias, todas religiosas como minha mãe. Uma coisa eu não entendia: por que elas eram ocas? Achando que elas poderiam ter poderes transformadores na minha vida (e tinham e têm), eu colocava "dinheirinhos" (naquela época não existiam moedas, imaginem!) dentro delas. Esses foram meus primeiros investimentos.*

* O uso da palavra "investir" associada ao dinheiro foi reportado pela primeira vez no século XVII, e acredita-se que o termo foi usado no sentido de dizer que o capital adquiriu uma "nova forma".

PELAS ÁGUAS DO RIO TIBAGI

Por morarmos perto do rio Tibagi e minha mãe lavar nossas roupas num olho-d'água construído a poucos metros dele, lá passei boa parte da minha infância brincando e lá aprendi a amar a água gelada e cristalina do rio. Ah, como eu adorava aquilo. Eu gostava de me ver refletida, achava lindo aquele brilho. Acredito que estava sendo preparada para desfrutar de tudo o que eu tenho hoje. Até hoje tomo banho de água gelada para me transportar para aquele momento. Senti ali, pela primeira vez, a presença dos anjos, que falavam comigo e me diziam que eu iria superar aqueles momentos de escassez que vivíamos. A menina pobre queria muito vencer na vida e, ao olhar seu reflexo nas águas vindas do Tibagi, tinha premonições. Era como se uma voz me dissesse "vai passar, tudo isso é somente um momento, você vai brilhar. Olhe para essa água!".

E quer saber? Se fosse para nascer de novo, queria ser a mesma pessoa passando pelas mesmas dificuldades, porque isso validou quem sou. Qual criança brinca numa laje vendo cobra-coral e não tem medo? Qual criança tem o privilégio de comer jabuticaba, pitanga, amorinhas e colher frutas diretamente no pé? Parece que estou falando algo que seja lugar-comum, que é fácil falar, pois hoje sou alguém com muitos privilégios (todos conquistados com muito trabalho e seriedade), mas não foi pouco o que passei, na minha infância, de dificuldades e provações. Mesmo assim eu era feliz! É muito triste saber que está se formando uma geração de pessoas que não entendem de autorresponsabilidade e preferem identificar um culpado para os problemas pessoais. É evidente que devemos fazer nossa cota de *mea culpa*.

É isso mesmo e em frente! Sem remorsos ou muitas lamentações. Não temos tempo. Não o percamos. Falo isso, trago à tona o que acredito: por meio de minha trajetória e da história de outras pessoas com as quais convivo, podemos ser e ter o que quisermos. Independentemente do ambiente em que nascemos, tudo vai depender de nossas escolhas.

E aquele rio...

Sempre no meu coração e nas minhas sensações. A natureza é preciosa demais.

A REGRA DA VIDA

Sou bastante regrada em muitas coisas. Obviamente, tenho métodos no meu trabalho e sempre os tive e os adaptei de acordo com as fases que vivi. É algo que considero ter "nascido com". Com 15 filhos, meus pais tinham que organizar nossas rotinas e nós obedecíamos mesmo. Tínhamos horários para comer, para brincar. Em casa, aprendi a ter disciplina. Com muito trabalho a ser feito, os irmãos mais velhos cuidavam dos mais novos. Marina era como se fosse a minha mãe. Por um bom período, cuidou muito (bem) de mim. Acredito que essa era a realidade de todas as famílias numerosas. A sobrevivência de uns dependia dos outros. Graças a Deus, já na fase adulta, eu pude retribuir seu cuidado e zelo quando algumas vezes me dediquei à sua filha, Karina, que hoje é uma grande mulher, uma excelente profissional e mãe de quatro filhos!

Obedecíamos à nossa rotina piamente. Na hora das refeições, por exemplo, os filhos só podiam se sentar à mesa após o pai se sentar. Ficávamos em pé, um do ladinho do outro, aguardando que ele desse o tão aguardado sinal! Só depois sentávamos e saboreávamos o que a nossa mãe servia. A comida era feita por ela no fogão à lenha e servida por ela!

A regra era: nossa mãe era quem colocava a comida no prato de cada um e, sim, a mesma quantidade para todos! Dessa maneira, não existia a menor possibilidade de alguém ficar sem se alimentar porque o outro comeu mais. Justíssimo!

Que lição!

Aqueles momentos foram preciosos: ali aprendemos a ter educação e respeito pelos nossos pais.

Aprendemos valores que carregamos pelo resto de nossas vidas.

UMA CASA MUITO ESPECIAL

A essa altura, você deve estar curioso, e eu ainda sinto aquele cheiro e aquela sensação de lar dentro de mim. Se fecho os olhos, ouço as vozes dos meus irmãos, da mãe, do pai. Posso sentir a generosidade que nos cercava, mesmo na escassez material. Não era o mais importante para nós, pois vivíamos em uma atmosfera de amor. Sempre bom lembrar que o amor nos ajuda a seguir em frente. E a fé. Os dois, juntos, são o combustível de tudo na minha vida e acredito que na de muita gente que se preocupa em viver melhor e propagar essa vivência aos outros. Às vezes, eu começo um assunto e viajo no tempo. A nossa casa sempre me inunda de boas sensações. Me perdoe. Mas é uma linda história que merece ser contada. Eu acredito.

Imagine uma grande construção no meio do mato, do nada, como eu gosto de dizer. Tínhamos muito pouco, mas pouco mesmo. Quase nada de móveis, bacias pela cozinha, nas quais lavávamos a louça. Algumas mesas, cadeiras e havia ele, um pequeno rádio em cima de uma tábua pregada na parede. E ele trazia muito para nós!

Aquele rádio era responsável por nos conectar ao mundo. Meu pai ouvia o programa *A Voz do Brasil** e ficávamos quietinhos acompanhando, muitas vezes sem entender do que se tratava. Tudo isso porque sabíamos que, depois do noticiário, era o momento aguardado: nosso pai tocava sanfona. Às vezes, penso que a música era a religião dele. Relembrar esse momento é nostálgico, principalmente por perceber que hoje algumas famílias já não conseguem se reunir sequer para uma refeição juntos, e famílias ricas! A nossa era pobre, mas tinha uma riqueza imensa lá.

* A *Voz do Brasil* é o noticiário de rádio mais antigo do país. Teve início no governo de Getúlio Vargas (1935), com intuito de levar, aos lugares mais longínquos, informações diárias dos poderes Executivo, Legislativo e Judiciário.

NOITES DE CHÃO

À noite, dormíamos juntos nos colchões. Não tínhamos cama! Dividíamos aquele espaço como uma verdadeira preciosidade para nós. Eram os sacos de arroz e feijão, armazenados como tesouros. E eram. A comida é um bem precioso. Não é à toa que hoje alguns dos meus empreendimentos são ligados à alimentação. Nada é por acaso mesmo! Tenho um filho *chef* de cozinha, implantei negócios gerando boa comida, me preocupo com a saúde das pessoas, pois a alimentação é a base de tudo. Sabemos. Tampouco tínhamos banheiro dentro de casa. Para fazer as necessidades, era uma andança até a famosa e famigerada "casinha".

Como tínhamos uma preciosa horta, meus pais fizeram a casinha longe. Quanto cuidado! Quanto capricho! Lembro com carinho ao saber que, mesmo na dificuldade, tínhamos pais zelosos e muito caprichosos. Orgulho-me de ter podido viver isso. Uma casa pobre, sem recursos materiais, mas cheia de amor, de cuidado, de zelo! Nasci rica. A maior riqueza eu sempre tive. Muito importante frisar bem os valores primordiais da minha existência. Quero muito ser vista como alguém que sabe o que é viver com pouco, porque eu sei! E valorizo o trabalho digno como a única maneira de enriquecer.

O nosso banho era muito precário. Meu engenhoso pai instalou um chuveiro todo manual! Uma grande lata de querosene amarrada com uma corda no teto e ali havia vários, mas vários buraquinhos de onde escorria a água. E assim, para tomarmos nosso banho, a mecânica era água na lata e *catapum*. Nosso pai pensava em tudo mesmo. Quanta saudade!

Imaginem que ele, mesmo sem ter frequentado a escola, era excelente em cálculos, fazia tudo com uma rapidez incrível. Ficávamos encantados e impressionados, pois o pai fazia raiz quadrada de cabeça! E a letra dele, então? Parecia um desenho de tão perfeita. Sim, meus queridos, meus pais tinham muitas qualidades natas e eram fortes e esforçados em tudo o que faziam. Vem daí a minha força. Sou muito feliz e agradecida por ter uma família de valores morais muito sólidos. Tivemos uma educação totalmente diferente: em nossa família, existia amor, carinho, afeto.

Nossos primos vinham passar temporadas conosco e me lembro até hoje do respeito que havia entre todos. Brincávamos muito e minhas primas contavam como era Curitiba. Aí eu viajava de olhos abertos, fechados, de todo jeito.

Esses tempos foram muito luminosos para mim, pois neles teci meus sonhos de um futuro que consegui realizar.

HEROÍNA ELOÍNA

Minha mãe era uma mulher incrível. Sem cultura ou estudos, ela ensinava ininterruptamente. Tinha percepção apurada, sensibilidade, bondade e fé. Aprendi muito com ela (e com o pai também) sobre os valores morais. Ela não se cansava de dizer que não devíamos pegar nada de ninguém, que tínhamos que ser corretos.

Ainda a ouço dizer: "O que pertence ao outro é do outro, não podemos pegar nada que não é nosso!". Isso nos foi transmitido desde muito cedo. Éramos pequenos e sabíamos o que era certo e o que era errado dentro da nossa família. Uma vez, minha irmã, com uns 15 anos na época, voltou da escola com um caderno que não era dela. Castigo na hora e tratar de devolver, pois aquilo não era dela de jeito algum!

Lá em casa, éramos muito unidos e adorávamos os momentos em família. Católica fervorosa, nossa mãe nos incluía em momentos de oração, sempre nos finais de tarde, quando todos já estavam de volta dos afazeres do dia a dia. Era ali que ela nos ensinava um pouco da Bíblia. Claro que eu não entendia nada, era apenas uma criança, mas certamente assimilei tudo, pois hoje sou muito religiosa. E tenho orgulho e alegria por isso até hoje. Minha mãe se mantém no posto de uma das mulheres mais inteligentes que já conheci. Lembro-me de vê-la levantando às 4h da manhã para rezar em uma capelinha que ficava a 19 km da nossa casa. Ela ia, religiosamente, todos os dias. Era uma pessoa determinada. Puxei isso e muitas outras coisas dela.

Além de tudo o que fazia por nós, o que não era pouco, era a parteira, a enfermeira e a cuidadora. Muitas vezes, no meio da noite, alguém batia na porta de casa e lá ia ela encilhar seu cavalo e dar conforto a alguma família. Se fosse caso de morte, ela atendia a todos e lavava os mortos. Independentemente da hora, ela encilhava o cavalo e saía.

Uma vez, ela foi atender uma mulher que estava em trabalho de parto, e eu, pequenina que era, chorei muito para ir junto! Adivinhem? Levei logo uma surra, aliás levei muitas. Hoje eu entendo que, claro, não se bate em filhos, pois tenho um acesso completamente diferente do que a mãe tinha naquela época, em que tudo era mato, mas, no lugar dela, considerando o modo como ela vivia e o que ela sabia da vida, minha amada mãe precisava fazer aquilo. Uma mulher que precisa trabalhar tem que abrir mão do conforto de amar os filhos e, muitas vezes, enrijecer-se diante do tempo, ao doce sorriso de uma pequena Cle, que implorava para ficar perto da mãe, que não entendia por que a vida separava as pessoas que ela amava do seu aconchego, do seu cheiro, das suas doces palavras de fé... Minha mãe não teve outra saída, porque tudo o que via e tinha era a necessidade de nos suprir, custasse o que custasse. Passaríamos fome se Eloína não fosse a grande trabalhadora que era.

E, pensando nas suas saídas para fazer um parto, lavar um morto, abrandar o ferimento de uma família em sofrimento, a entendo e a perdoo pelas palmadas que levei. Tive muita sorte em tê-la. O que quero dizer é que apanhei muitas vezes pelas travessuras, pelos ataques de insistência em acompanhá-la, mas sabe o quê? Sinceramente? Tenho dois filhos. Não foi fácil educá-los para serem bons homens, bons pais, bons cidadãos, numa sociedade cheia de tentações... E tive dois, imagina quinze filhos!

Dona Eloína, minha mãe, foi uma heroína para nossa família. Grandiosa, ela nos educou para sermos gente de verdade, termos fé e compaixão e sermos trabalhadores. Além de tudo que ela fazia para os de fora e para nós, dentro de casa, seja a comida, seja descendo a ribanceira para lavar nossas roupas no frio ou calor, ela ainda ajudava o pai na plantação. Minha mãe era uma mulher muito organizada e cada um de nós tinha afazeres e obrigações. Dentro de casa, a limpeza era absurda, o chão limpo com soda. Ai de quem entrasse com os sapatos sujos. Eram regras claras que ninguém ousava desrespeitar. Cheia de responsabilidades, nunca vimos Eloína reclamando.

Nunca!

Heroína Eloína.

Amém, mãe!

Me espelho em Eloína: sempre amei cuidar da organização do lar. Acho que me pareço muito com ela, porque às vezes estou fazendo alguma coisa e digo: "Ei, Eloína, vamos devagar!". E tem vezes que vejo sua rigidez e evoluo. Estou aprendendo coisas que minha mãe não teve a chance de aprender. Amo evoluir.

A minha avó Durvalina, por sua vez, foi alguém muito importante para mim. Católica, não tão fervorosa quanto minha mãe, mesmo assim de uma fé gigantesca, ela me apresentou os dogmas religiosos e Deus. Lembro-me tanto desses momentos, principalmente quando ela ia às tardes tomar coalhada com a mãe. Era a felicidade absoluta para mim. Como eu adorava aquilo. Aquela querida avó era a mentora da minha mãe, a quem Eloína confidenciava coisas que não podia contar para ninguém. Eu morria de curiosidade, mas, claro, era entre elas e eu sabia que sobraria para mim, logo eu ficava só de cantinho vendo aquela mulher linda, sentada em uma cadeirinha no cantinho da porta, vestida com uma roupa de estilo que hoje reconheço italiana, sóbria, a camisa fechada no colarinho bem engomado, um redingote perfeito no seu corpo, no comprimento abaixo dos joelhos, as meias pretas, o coque baixo e uns chapéus que hoje vejo nos desfiles de moda que vou! Tão na moda minha avó! Lembro-me dos plissados bem-marcados das saias que, aliás, eu adoro e uso muito. Inspiração pura na vó Durvalina! Ela era toda chique. Mesmo sem recursos financeiros, ela se vestia muito bem. Suas roupas eram dadas de presente. Das condições dela, não poderia bancar o que vestia, mas sua elegância era nata.

Certo dia, as duas conversavam e comiam coalhada, quando a vó me chamou:

"Clemilda, vem aqui."

Eu me aproximei dela, morrendo de vergonha!

"Deixa eu ver a tua mão."

Escondi minhas mãos para trás, apertando-as fortemente uma contra a outra, como se quisesse furar a carne e sumir dali!

"Você sabia que a sua tia, que dá aulas, e que você ama acompanhá-la na escola, também tem o dedão assim, achatado e bem menor? E sabia que essas mãos são iguais às das rainhas e princesas? Vocês têm mãos de rainhas e princesas."

Lembro-me de ter ficado vermelha de vergonha e, ao mesmo tempo, ter recebido a primeira dose de empoderamento da qual tenho registro. Ela tocou em algo que achou importante para me deixar sem complexos. Meus dedos chatos não eram problema para mim, mas, sabendo que eles eram diferentes e que as rainhas e princesas também tinham dedos assim, me senti especial como nunca. Uma princesa ou até mesmo rainha!

No dia seguinte, quando fui estudar, minha professora, que era também minha tia, perguntou quem gostaria de ir ao quadro. Era o momento de responder a uma tarefa. Corajosa, me sentindo uma princesa ou rainha, levantei a mão e fui! Exibida, apoiei a mão no quadro com uma certa força, querendo que todos a vissem, que todos percebessem que ali repousavam mãos da realeza! Com aquelas palavras, a vó mudou a minha maneira de pensar.

Quantas lembranças maravilhosas. Poderia ficar muito tempo recuperando as memórias de uma época em que tudo era pureza, em que a visita da minha avó me tornava uma princesa, rainha, rainha do meu próprio destino e, naquele tempo, do pequeno e imaginário reino.

Hoje sou grande e sei que tudo é metáfora, mas dela fazemos nossos castelos e continuamos a realizar e sonhar.

Que delícia viver!

TEMPOS DE FESTA

Como nasci no Natal, meus aniversários eram maravilhosos, iluminados de tanta alegria que eu faço questão de contar parte dessa mistura de festa e liturgia que envolvia minha vida naquele período do ano. Uma semana antes, a movimentação dentro de casa começava, pois minha mãe queria tudo brilhando para a chegada das minhas tias e primas vindas de Curitiba. Era verão e tudo estava verde, colorido, o rio brilhando feito ouro com a presença do sol, feito prata sob o reflexo da lua. Um clima bom, excelente para receber o que estávamos por viver.

Aí que a magia do Natal e do meu aniversário começavam. As mulheres da família se uniam e, sob o comando da minha avó, preparavam mais de 100 bolos! Eles eram muito simples, afinal tínhamos poucas condições, e eram servidos para crianças carentes, muitas delas, provavelmente, sem uma comemoração familiar na noite de Natal. Para mim, o significado daquele momento de comemorar o meu aniversário, junto ao do Menino Jesus, assim como ver as crianças se esbaldando, numa cadência de alegria e emoção, era algo extraordinário, da ordem das sensações mais incríveis que eu poderia sentir.

A mesada de anjo é um momento importante da fé no Espírito Santo. Fiquei sabendo disso mais tarde, mas acredita-se que as crianças são puras como anjos e, por isso, na celebração da "mesada", faz-se uma grande mesa e são servidos primeiro os pequenos. Tradicionalmente, é um ato de devoção ao Espírito Santo e hoje essa cena litúrgica é vista inclusive em escolas. As crianças rezam ao Santo Anjo.

> *Santo Anjo do Senhor, meu zeloso guardador, já que a ti me confiou a piedade divina, sempre me rege, me guarda, me governa e me ilumina. Amém.*

Era dona Eloína quem cortava as fatias para as crianças e, em vez do Santo Anjo, elas cantavam parabéns. E era isso. Nos meus aniversários, eu dividia o agradecimento com o daquelas crianças menos afortunadas que eu. Presente material nunca tinha, mas isso não era importante, aliás uma vez ganhei uma Nossa Senhora de porcelana da minha madrinha e isso, sinceramente, era uma glória para mim que nunca ganhava nada, ainda mais uma santa! Mas ainda mais gloriosos eram os momentos em família. Durante essa celebração, minha mãe contava passagens do Evangelho para todas aquelas crianças.

Quanta devoção direcionada a ajudar os outros. Mais uma das muitas lições que aprendi com ela: repartir o pão e a fé.

CAMPO DE BALAS

Minha primeira lição de empreendedorismo veio de meu amado pai. Foi com ele que aprendi a ganhar o meu dinheiro e cuidar dele. Nunca esqueço a primeira vez que entendi como isso acontecia e acho que ele tinha muita força em nos ensinar, porque a necessidade de possuir alguma coisa nos faz querer ir mais longe. No nosso caso, tínhamos pouco, ou quase nada, e sabíamos que teríamos que lutar para ter algo, sem passar a mão em nada que não fosse nosso e com a cabeça erguida e disciplinada, uma base que, mesmo nos tempos de hoje, segue intacta e primordial na educação de qualquer pessoa.

Vamos lá para mais um "causo". Amo contar e recordar as sensações dos bons tempos em que eles ainda viviam.

Nós morávamos a 9 km do mercadinho central. Era mato, lembra? Sim, onde tudo era mato tínhamos que ir a pé ou a cavalo buscar o que faltava em casa. Produzíamos muita coisa, mas precisávamos sempre de algo, como farinha de trigo para fazer pães e os famosos bolos da mesada de anjo, sal também precisávamos, o resto não comprávamos, até o açúcar era feito na nossa casa. Sempre que a gente chegava a Sapopema, eu as via! As lindas e coloridas balas. Eram torcidas e tinham as cores do arco-íris. Meus olhos ficavam encantados, meu coração pulava de interesse, era realmente algo que me fascinava e eu queria (claro) sempre ganhá-las, mas não dava. Meu pai não tinha dinheiro para os supérfluos. E era isso. Não dava e pronto.

Um dia, eu queria muito, mas muito, as balas, aliás eu sempre queria muito, bom repetir! Estávamos eu e um dos meus irmãos com o pai e começamos a pedir, afinal a gente não entendia muito por que tinha para a farinha e o sal e não para as balas, o que é normal. Se pararmos para pensar, uma criança não distingue esses detalhes, e que bom que crianças têm sonhos, assim, quando adultos, ficam com os desejos mais lúdicos acesos dentro de si. É o que dizemos: "Guarde sua criança interior e cuide dela"... Bem, estávamos lá e, depois de muito pedir "Pai, compra, compra!", ele, com toda paciência e inteligência, explicou: "Quando o pai vender a colheita, ele guarda o dinheiro para vir ao mercado, mas agora o pai não tem, filha".

E assim ele continuou contando que precisava plantar o arroz e que, para colhê-lo bem e poder comprar as balas, precisava contratar alguém para ir bem cedo espantar as pragas da plantação, já que elas estavam destruindo tudo e, assim, sem arroz, sem balas. Com arroz, com balas! Fiquei com aquilo na cabeça e pensei: hummmm, eu quero essa vaga para mim! Daí pego esse dinheiro e compro minhas próprias balas. Foi aí que eu me candidatei ao meu primeiro emprego: "Pai, o que eu devo fazer para poder ajudar a espantar as pragas?".

Minhas lembranças são bem longínquas, e disso jamais me esqueci! Gosto de dizer que minha memória é muito boa, porque ela é mesmo, principalmente quando se trata de fatos relacionados às minhas origens. Lembro muita coisa e honro de onde eu vim.

Essa é uma lição importante: nunca nos esquecermos de onde viemos, não perdermos o nosso propósito inicial. Evolumos, evidentemente, mas a base sólida das nossas raízes é digna e bonita de ser mantida!

Bem, meu pai explicou o "serviço". Teríamos que chegar ao arrozal às 4h da manhã e ficar lá até às 10h tocando os passarinhos para que eles não destruíssem nosso arrozal, nosso "campo de balas".

Pronto! Rapidamente, meu irmão e eu nos prontificamos para a vaga de espantar os passarinhos. Não eram pragas, eles só queriam o arrozinho deles. E assim nos aventuramos. No outro dia, pulei cedo da cama para cumprir minha tarefa, meu serviço de "espantalho vivo de passarinhos".

A pequerrucha Cle era firme nas suas decisões!

Antes de plantar, meu pai precisava preparar o terreno. Cuidava dos galhos, fazia queimada para não ficar nenhum mato, assim o arroz se desenvolveria melhor.

O cheiro forte de carvão do lugar, a visão de toda aquela fumaceira, a cena acontecendo, tudo é nítido na minha cabeça. Eu ia até o local de plantação e pulava muito em cima daquele carvão e espantava (claro!) os passarinhos, voltava para casa imunda, com rosto, mãos, roupas, tudo preto. Ainda hoje, ao fechar os olhos, sinto o cheiro daquele momento, o carvão, o ar pesado, eu toda suja...

Eu falava alto: "Xi, xi, passarinho, xiiiiiiii, passarinho". Fazia isso para que eles se afastassem dali e, conforme a explicação do meu pai, assim teríamos a plantação do arroz, a venda da colheita e o dinheiro para comprar as balas. Meu campo de balas coloridas da cor do arco-íris! Enquanto eu não as tinha, eu sonhava.

Todos os dias, quando um dos meus irmãos ia me buscar, na volta passávamos por um riacho, próximo a uma plantação de melancia. Nós não tínhamos geladeira naquela época, então as colocávamos no rio para deixá-las frescas, geladinhas. Eu tinha certeza de que ainda não tinha dinheiro para comprar a bala, mas na minha cabeça de criança era fácil transformar a melancia em bala! O famoso fazer de conta. Cena linda e muito viva em minha memória!

Depois de muito espantar passarinhos e comer melancias, recebi finalmente meu primeiro pagamento das mãos do meu pai: Cr$1 (um cruzeiro)!!!

Claro que eu quis sair correndo gastar, comprar minhas tão sonhadas balas! Chegando ao mercadinho, o pai, vendo meu contentamento, disse: "Está vendo como é bom termos dinheiro para comprar a comida que a gente gosta?".

E, com isso, ele me ensinou (para nunca mais esquecer) e me fez viver pela primeira vez a sensação de comprar bala com o próprio dinheiro. Foi aí que eu percebi a importância do trabalho para crescer na vida.

RIQUEZAS

A questão é que, mesmo quando se vem de uma família pobre, mas com valores e ensinamentos sólidos, o que é uma riqueza imensurável, a gente consegue crescer. Mas e quem não tem uma família assim? Sempre me pergunto e a resposta é sempre a mesma: educação. Todos devem ter acesso a ela. Em casa, a gente aprende muito, mas na escola também, principalmente nos corredores, com os colegas, o ambiente é muito importante. É preciso prestar atenção onde estamos e onde estão nossos filhos. Fazendo isso, já teremos uma grande parte do problema resolvido, encaminhado. Quando fui estudar, já tinha bases trazidas de casa, mas aprendi que tinha um mundo gigantesco a ser explorado e que o conhecimento poderia ser a porta para eu adentrá-lo. Sempre trabalhei e estudei muito.

ELAS NA MINHA VIDA

Eu tive boas referências na minha infância, sobretudo de mulheres. Com minha avó, aprendi a ser princesa e rainha da minha vida, com as minhas características únicas! Com minha mãe, soube o que era determinação, fé e muita força de trabalho. Com minha tia Cibele, que era professora, fui orientada a aprender e, com o conhecimento, fui longe. E com minha amada irmã mais velha, Marina, aprendi sobre elegância e imagem. Ela era costureira, uma estilista nata e era quem me vestia, fazia roupas para mim. Marina era, também, linda fisicamente, uma das "musas" daquela época. Com olhos verdes de olhar profundo e misterioso, mãos de fada, minha irmã escreveu sua história ligada ao estilo e à criação.

É UMA MENINA!

PARIS, OUTUBRO, 2023

Aqui estou eu em Paris pela segunda ou terceira vez esse ano. Acho que é um presságio de que meus planos de ficar mais tempo por aqui em 2024 vão se realizar. Minha determinação em colocar em prática meus propósitos é inabalável. INABALÁVEL, com letras garrafais. Mesmo agora, já com tanto realizado, me empolgo muito com as coisas. Gosto muito de poder fazer por mim o que acredito que mereço e, sempre, por consequência, acabo trazendo pessoas junto comigo. É o movimento da vida, algo tão bonito. Atingirmos positivamente o que nos cerca e quem nos cerca. Pessoas, comunidade, país, mundo. Assim vou propagando. Já pararam para pensar na pedra jogada na água? É isso. Tenho certeza de que, ao longo de mais de 30 anos, ajudei a erguer a vida de muita gente. E não é por me achar a tal (modéstia é bom e eu gosto), e sim por acreditar na capacidade de trabalho de quem está determinado a vencer, não importa o desafio que for. Sei que quem resolve se levantar e ir atrás de alguma coisa, por mais longo que seja o trajeto, consegue. Repito sempre nas minhas palestras: "Se eu posso, você também pode, vocês podem!".

Claro que precisamos realmente de muita coragem para enfrentar os medos e as desilusões, "levantar a bunda da cadeira", perder a preguiça, deixar de procrastinar e lutar pelo que queremos, batalhar incessantemente.

Até dar certo, muita coisa dá errado, e nós devemos tentar mais uma vez e mais uma vez e mais uma vez! O nosso erro é o nosso acerto também. A repetição leva ao aprendizado. É assim que funciona. É essa a receita mágica do conseguir. Tentar, trabalhar, continuar, ir sempre em frente, mesmo que tenhamos (e todos temos) muitos obstáculos.

Vou contar um pouco dessa viagem. Acabo de chegar de uma semana na Escócia. Fui a convite de uma marca de joias. Geralmente, sou convidada para o que eles chamam de viagens de imersão para mostrar alguma cultura ligada a algum produto. Me interesso pela estratégia das marcas e, apesar de ter milhares de coisas para fazer, sempre me dou o prazer de sair um pouco, viajar, conhecer algo novo, afinal para que serve o tal sucesso financeiro? Viagens fazem parte do maior investimento em mim mesma. Plantei isso também nos meus filhos.

José Guilherme, meu mais velho, vai ser pai daqui a uns dias e por essa razão não anda viajando muito, mas já morou aqui em Paris e por isso, falei antes, nossa ligação com a cidade. Essa será sua primeira experiência como pai. Estou aqui também comprando umas coisinhas para minha neta e volto amanhã para o Brasil. Com o coração apertado, pois gostaria de ficar mais tempo em Paris levando uma vida bem calma. Aqui posso passar uma tarde deitada no sofá, apenas apreciando o ambiente, sentindo o espírito das coisas, o "ar dos tempos", curtindo a maravilha que é ser dona do próprio tempo. Por muitos anos não soube o que era isso. Criei filhos, trabalhei em vários lugares diferentes, estudei muito e cumpri tarefas do lar. Além do trabalho fora, eu sempre me ocupei de meus filhos. Nunca perdi um compromisso da escola, fui presente, ativa e fico muito feliz por isso. Meus meninos são tudo para mim.

Uma vez, na minha segunda gravidez, entre José Guilherme e João Alfredo, sofri um aborto aos seis meses de gestação. A causa? Trabalhei tanto que acabei perdendo meu bebê. Esse teria sido meu segundo filho; e o João Alfredo, o terceiro. Foi muito sofrido para mim estar exausta, trabalhando muito para proporcionar uma vida melhor para minha família, tendo José Guilherme pequeno, sofrer dores e perder meu bebê por excesso de batalha. Não entendi que deveria ter me cuidado mais, mas não me culpo, sei que o Espírito Santo se ocupou de mim e fui agraciada com outra gravidez de meu menino tão especial e amoroso, João Alfredo.

Meus dois filhos são amorosos!

João Alfredo, meu menor, já é pai duas vezes. Ele me deu um primeiro neto, o João Pedro, ainda muito cedo e foi uma das melhores experiências que tive depois da maternidade. Que sensação maravilhosa! Amar os filhos dos meus filhos.

João também me deu uma segunda neta, fruto do seu casamento com a Antonella. Nossa pequena Helena se parece muito com as mulheres da minha família. Olho para ela e vejo dona Eloína criança.

Para mim, a família é tudo. Por isso, deixo de lado a dorzinha no coração por abandonar (momentaneamente) Paris e corro para Curitiba, onde vou dar boas-vindas a uma menina que nasce daqui a uns dias. Mais uma vez me completo, sinto que minha obra vai se solidificando. Minha nora, Maria Luiza, mulher do José Guilherme, me envia fotos do ultrassom e vejo mais uma herdeira do meu "campo de balas" chegando para completar ainda mais de felicidade nossas vidas.

Estamos todos muito contentes com essa chegada!

Viva Maria Francesca!

Honra teu pai e tua mãe,
conforme te ordenou Javé teu
Deus, para que os teus dias se
prolonguem e tudo corra bem
na terra que o Senhor teu Deus
te dá.

Deuteronômio 5:16

MEUS FILHOS

José Guilherme e João Alfredo não são religiosos. Tenho fé que um dia vão descobrir o poder do Espírito Santo, mas entendo que ter amor no coração e ser generoso com o próximo é mais importante do que seguir uma religião. É na prática que se efetiva a palavra do Senhor. Nisso sou (também) afortunada. Meus meninos valem ouro. São pessoas cheias de generosidade e olham os outros nos olhos, nesse aspecto, são iguais a mim.

Falei com José Guilherme ao telefone, ele, calmo, me contou que está radiante com a chegada da filha e me agradeceu por ser sua mãe. Meninos educados esses (risos). Foram bem criados.

Meus filhos são duas joias. Os "reguei" com todo cuidado e tenho orgulho de vê-los bons homens, bons esposos, trabalhadores e zero *playboys*. Poderiam ser, mas não são. São homens simples que honram pai e mãe.

Khalil Gibran, poeta libanês, diz em *O Profeta* (1923):

Vossos filhos não são vossos filhos:
são filhos e filhas da ânsia da vida por si mesma.
Vêm através de vós, mas não de vós,
e embora vivam convosco, não vos pertencem.
Podeis outorgar-lhes vosso amor,
mas não vossos pensamentos,

porque eles têm seus próprios pensamentos.
Podeis abrigar seus corpos, mas não suas almas;
pois suas almas moram na mansão do amanhã,
que vós não podeis visitar nem mesmo em sonho.
Podeis esforçar-vos por ser como eles,
mas não procureis fazê-los como vós.
Porque a vida não anda para trás
e não se demora com os dias passados.
Vós sois os arcos dos quais vossos filhos
são arremessados como flechas vivas.
O Arqueiro mira o alvo na senda do infinito
e vos estica com toda a sua força
para que suas flechas se projetem, rápidas e para longe.
Que vosso encurvamento na mão do arqueiro seja vossa alegria:
pois assim como Ele ama a flecha que voa,
*ama também o arco que permanece estável.**

Sempre refleti muito sobre esse poema.

Assim como eu, que amo honrar minha família e meu passado, são também meus filhos.

Sei que meus pais deram o melhor que podiam por mim e eu fiz e faço o que posso pelos meus e sei que eles farão o mesmo.

Assim, permanecem intactos os laços de nossa família.

* Os versos foram traduzidos livremente pelas autoras. (N. E.)

RAÍZES E VALORES INABALÁVEIS

Antes de começar a contar os próximos passos da minha vida, quero deixar bem claro que não tenho vergonha de nada. Tudo o que vivi, os trabalhos que fiz, os caminhos que percorri e as situações a que me submeti para sobreviver e para construir minha vida como ela é hoje são motivo de orgulho para mim.

Valido aqui todos os meus passos e transmito a você, com toda sinceridade, o trajeto de uma menina pobre a uma grande empreendedora e empresária, dona de (atualmente) nove empresas bem-sucedidas.

Minhas origens são valiosas. Se eu não as validasse, o que seria de mim?

Seria uma farsa e eu nunca tive, e sigo não tendo, o mínimo interesse em construir minha vida em uma base que não seja sólida. Se omito minha história, anulo uma parte de mim. Por isso, aqui nestas páginas, quero lembrar tudo o que me aconteceu, de onde vim e como enfrentei várias fases muito complicadas, sempre com orgulho da minha família. Eu a amo para toda a eternidade e quero que meus frutos a amem igualmente.

Para isso viemos ao mundo. Para melhorar e eternizar valores e exemplos.

Tudo quanto, pois, quereis que
os homens vos façam, assim
fazei-o vós também a eles;
porque esta é a lei e os profetas.

Mateus 7:12

DIAS DE ESCURIDÃO

Ainda pequena, conheci a história de Jesus pelas doces, firmes e devotadas palavras de dona Eloína. Como contei, mesmo sem estudo, sem ler ou escrever, minha mãe sabia muito e contava com detalhes o caminho que o filho de Deus fez pela Terra, suas andanças, seus discípulos e todo o calvário ao qual foi submetido. Sempre entendi que todos nós somos filhos d'Ele e sempre me senti a escolhida d'Ele! Sinta-se também, pois você é.

Entendam: mais difícil fosse, mais era forte e maior era e é a minha fé. Eu busco a luz no fim do túnel.

Conto aqui o que chamo de "dias de escuridão".

Aos sete anos, tive que partir pela primeira vez. A situação era complicada. Morávamos muito longe de tudo e me "mandaram" morar na casa de amigos de meus pais para que eu fosse à escola. Lá fui eu e minhas trouxinhas viver em Cornélio Procópio. E aí o bicho pegou. Perto da escola, longe da minha família, que dor senti. Me vi invadida por uma profunda tristeza. Achar alegria na casa de estranhos? Impossível.

Os donos da casa eram culturalmente muito diferentes da gente e ali comecei a trabalhar com rotinas intermináveis, com muito sofrimento para me adaptar. Pela manhã, eu ia à escola, o que era o menos pior, pois eu estava me tornando gente, aprendendo. Eu queria muito crescer, ter meus recursos, e sabia que estudando daria os primeiros passos para um futuro que eu tinha certeza de que estava por vir!

Ficar longe dos meus pais e dos meus irmãos, da minha árvore mágica, dos passeios com meu pai para buscar balas com meu dinheiro ganho como "espantalho de passarinhos" era doloroso demais.

Quando eu voltava da escola, era empregada da casa e tinha que lavar, passar, cozinhar. Esse era o trato para eu morar lá. Eu era apenas uma criança, e sei que muitas passam pelas mesmas situações. Entendo tanto! Ao mesmo tempo que eu tinha uma consciência de que precisava ficar lá para abrir minhas chances ao mundo, aprendendo a ler e escrever e me virar sozinha, uma melancolia e um desespero me impulsionavam a querer voltar para casa, mas como jogar fora a oportunidade de evoluir?

São muitas as situações na vida em que temos que fazer escolhas entre nosso campo seguro de amor e a incerteza de um mundo onde somos apenas os filhos dos outros. Mesmo pequena e sofrendo muito, me mantive em pé e obedeci aos meus pais. Lembro-me de passar por muitas angústias e responder para mim mesma: "Vou aguentar mais um pouco".

Quero que fique claro que o casal que me abrigou não era ruim comigo. Eles só não eram meus pais. Eram estranhos para mim. Sorte posso dizer que sempre tive. E ainda bem e graças a Deus sempre fui uma criança respeitada por onde passei, seja na minha casa, seja com primos e com amigos. Minha infância, nesse sentido, foi preservada, mas minha dor era imensa. Eu chorava muito escondida e sonhava em ter dinheiro para comprar um sorvete, um simples sorvete que pudesse adoçar aqueles momentos tão duros, longe dos meus, mas a realidade é que não havia dinheiro para nada! Para uma criança pobre, balas, sorvetes, chocolates, brinquedos, tudo é inacessível.

DOCES OU TRAVESSURAS?

Para não dizer que eu nunca aprontei nada, vai lá uma história engraçada, se não fosse tão perigosa. Certa tarde de um fim de semana, em Cornélio Procópio, tive a permissão para chamar umas amigas da escola para brincar comigo. Me preparei toda para isso. Empolguei-me com a ideia de recebê-las na minha casa. Na cabeça de uma criança se criam férteis terrenos de imaginação. Era um sábado e as meninas iam umas à casa das outras para brincar. Tudo se organizava durante a semana, entre uma aula e um recreio, um partir e um chegar, um dormir e um acordar. Em meio a tantos afazeres, combinamos esse dia tão aguardado por todas.

Então, eu, me sentindo "a tal", a garota segura de que seus poderes mágicos de transformar arroz em balas e galhos de árvore em andares de prédios eram efetivos e reais, tive a brilhante ideia de criar meu próprio sorvete para oferecer às amigas! Elas nem suspeitaram de nada e eu tampouco calculei nada. Apenas me embalei no sonho e na fantasia.

Mas de onde sairia essa guloseima maravilhosa?

A pequena Cle não teve dúvidas de que seus poderes realmente eram transformadores. Lá naquele porão, entre cadeiras velhas que serviam de elegantes sofás de uma sala gigante em uma mansão (tudo de brincadeirinha, vejam bem!), ela fez a mágica: "Meninas eu vou servir um sorvete para vocês, quem quer?". Juntei os pedaços de soda cáustica deixados à deriva depois de uma obra e fiz de conta que era sorvete de nata. Pior de tudo é que todas provaram, inclusive eu, e adivinhem?

As belas e travessas meninas foram todas parar no pronto--socorro! Que susto! Lembro até hoje as névoas desse momento, todas vomitando, correndo para avisar o que tinha acontecido, buscando ajuda, os olhares assustados, perplexos com o nosso sorvete. Os adultos correndo, aquela gritaria, cena de filme.

Por essas e outras é que dizem que os anjos da guarda das crianças são divinos protetores, e os nossos, naquela bela tarde de verão, trabalharam muito para não nos deixarem sofrer consequências maiores. Ufa!

Foram os mensageiros de Deus que nos salvaram. Naqueles tempos eu me "achava", me sentia grande, claro, toda criança de mais de sete anos sente fortemente a potência da vida! A verdade é que as criaturas celestiais estavam mesmo de plantão. Poderíamos ter perdido a voz ou tido graves problemas no estômago, mas ficamos apenas com o susto e com o arrependimento da enorme travessura.

Depois desse terrível acontecimento, ainda fiquei um ano lá trabalhando e estudando e só então pude voltar para a casa dos meus pais.

BOAS PALAVRAS

Dizer boas palavras é uma forma de ajudar os outros, de tirá-los da onda de sofrimento e de nos blindarmos. Por isso, o poder da oração é tão gigantesco. E, quando dizemos algo ou ouvimos algo daqueles que nos amam, as palavras têm o poder de nos blindar ainda mais! Minha mente é preparada para se proteger. Sempre, em tempos difíceis ou não, a vida toda, até hoje, quando me lembro das palavras de minha mãe, independentemente da situação, recupero meu ânimo, recarrego minhas energias e sigo em frente!

"Minha filha, você vai vencer!"

Depois das experiências em Cornélio Procópio, no ano seguinte fui morar com um dos meus irmãos. Dessa vez, tudo foi diferente. Lembro-me da geada caindo, eu olhando o campo branco pela janela, os primeiros raios de sol faziam tudo brilhar... Era uma imagem que eu guardava na mente enquanto tinha as mãos e a ponta do nariz congeladas tendo que sair muito cedo, ir lá fora na horta colher verduras e depois cozinhar, imaginem! Era eu quem cozinhava, tinha que cuidar da minha vida sozinha, tinha responsabilidades e, naquele lugar, além dos desafios da temperatura, tive que enfrentar dificuldades, pois morava com a minha cunhada. Foi mais um aprendizado cheio de entraves, porque morar na casa dos outros jamais será fácil, ainda mais para uma criança que vivia longe de uma mãe cuidadosa como a minha. Era um calvário.

Mas foi assim e ponto. Tenho muito orgulho do que fiz e de como vivi. Sempre repetindo que não nego minhas origens e, além do mais, gosto de contar que, de onde venho, do lugar onde estive durante muitos anos de minha vida, só trago boas lembranças. Aprendi com a dor, encontrei saída quando tudo era muito difícil. Não escolhemos onde nascemos, mas podemos, sim, determinar nossos destinos e é nosso dever fazer o nosso melhor para evoluir, para sermos pessoas mais alegres e gratas.

Quem tem a vida tem tudo. É algo que deveria ser muito simples de ser entendido. Temos a oportunidade de trabalhar e lutar para sermos alguém na vida, não só pela questão material, mas pelo valor moral de se dignificar. Foi difícil trabalhar ainda pequena? Foi, mas me solidifiquei com isso. Sofri muito com a saudade da família? Sim, mas isso só aumentou meu amor e minha admiração pelo esforço que eles também fizeram ao me lançar ao mundo para que eu pudesse ter a chance de criar uma vida mais confortável para mim e para os meus. Assim, fez-se um ciclo de idas e vindas, perdas, tragédias e, tempos depois, muitos ganhos.

E, antes de continuar a contar fatos e causos (tenho muitos), queria dizer que, ao contrário de me lamentar nesses períodos tão duros, eu dizia a mim mesma, sempre lembrando as palavras da minha mãe: "*Eu vou mudar tudo isso*". Ainda pequena, sem saber como eu iria realizar, tinha o propósito, o intuito de vencer na vida e tirar todos daquela situação precária. Eu não sabia como, mas era clara no meu coração a sensação de que eu conseguiria.

Engraçado como um pingo de gente daqueles podia pensar em futuro e glória. Pois eu pensava! Atualmente, existem muito mais condições no mundo para que saibamos os caminhos a seguir. Com a internet, a informação é mais rápida e, com ressalvas, as coisas melhoraram muito no sentido de informações, soluções e caminhos. Aqueles tempos eram mais obscuros. Fazíamos o que podíamos e confiávamos no Senhor. Eu confiei, confio e confiarei. Sou a escolhida d'Ele.

Nossa casa em Rodeio Bonito: lembranças eternas de um lugar onde éramos muito felizes, mesmo em meio a tantas dificuldades. Olhar para ela é banhar-me no afeto dos meus pais.

Os homens com o nosso pai!

As mulheres reunidas com nossa mãe.
Nesse dia, fizemos um trenzinho!

Toda a família reunida e olha a Clemildinha
entre nossos pais!

Meus pais já em tempos avançados da vida,
quando os filhos estavam longe.

TEMPOS DE FOGO

MEADOS DE 1964

O ano de 1964 foi cheio de acontecimentos marcantes: a deposição de Jango da presidência, a viagem do Papa João VI ao Oriente Médio, os Jogos Olímpicos de Tóquio... O Paraná elegia Ângela Vasconcellos como Miss Brasil, as rádios tocavam as melodias "*É proibido fumar, diz um aviso que eu li*", de Roberto Carlos ou, ainda, "*Chuva traz o meu benzinho, pois preciso de carinho*", de Demétrius. Eram tempos de ouvir Rita Pavone, assistir ao Chacrinha, ao Sílvio Santos e se encantar com Jair Rodrigues. Em escala internacional, era o ano de "*I want to hold your hand*" ["*Eu quero segurar a sua mão*"], do quarteto de Liverpool, os Beatles, cujas baladas encantavam o mundo. Uma grande riqueza cultural e tempos difíceis se anunciando a todos, principalmente para mim e para mais um monte de gente.

Eu tinha 10 anos. O ano de 1964 era um ano bissexto e começou numa quarta-feira. Em vez de terminar em 28, o mês de fevereiro vai até 29. Isso faz com que as pessoas que nascem nesse dia façam aniversário apenas de quatro em quatro anos? Eu não sabia nada disso, nem televisão tínhamos. Sei hoje e, como sou muito curiosa, amo fazer essas reflexões. Sempre aprender. Sempre.

Naquela época, minha noção do tempo não era nada precisa. Eu contava entre o tempo vivido perto dos meus pais e o que sofria longe, afastada, tendo que me virar para sobreviver e aprender. Mas eu havia voltado para casa. Parecia que as coisas finalmente iriam se acomodar. Na volta para casa, naquele ano, eu estava radiante, cheia de fé, me sentia aliviada e certa de que meus piores tempos haviam ficado para trás. Ledo engano.

Esse foi um dos anos mais duros, do qual tenho uma memória muito viva. Contei antes que tenho boa memória, mas é nebulosa, e tenho o registro de que em 1964 minha vida virou do avesso. Me perdoem, vou continuar nessa névoa, pois o sentimento aqui é o mais importante para que eu possa compartilhar minha história exatamente como a sinto dentro de mim. De repente, sentimos o barulho e o cheiro do fogo (isso está registrado como tendo início em agosto de 1963, mas eu aqui tenho uma memória turva dos acontecimentos e do tempo, e para mim foi 1964).

Os ventos fortes alavancaram o fogo destruidor. Tudo começou com um fogo normal, praxe das práticas de queimadas quando os lavradores preparavam a terra para o plantio. Aquilo era recorrente. O que não se esperava é que, a partir desse primeiro momento, o fogo se alastrasse.

A coisa saiu completamente de controle. O calor, o barulho do vento, o barulho do fogo queimando, a desgraça esparramada por tudo. As terras queimando em brasa forte. Tudo indo embora. Meus pais se apressaram para nos tirar dali, mas para onde? À nossa volta, a imagem dantesca da destruição.*

Os vizinhos de terras também estavam desesperados, e os animais entraram em sofrimento. Foram 2 milhões de hectares

* Considerado pelo governo "estado de calamidade pública", com 128 cidades atingidas, tendo sido o maior incêndio florestal do país. Foram mais de 8 mil imóveis destruídos.

devastados, 20 mil hectares de plantações, 500 mil de florestas nativas. Uma calamidade pública que deixou 5,7 mil famílias desabrigadas, entre elas, a minha. Hoje agradeço por termos sofrido apenas perdas materiais. Nessa desgraça, cerca de 110 pessoas morreram e cerca de mil ficaram feridas, muitas delas com queimaduras graves, lotando os hospitais da região.

Tínhamos o acaso diante de nós: como sobreviver a partir de agora?

VIDA NÔMADE

O anúncio de que não tínhamos mais comida nem para os animais que restaram foi feito pelo meu pai. Entrei em desespero, senti uma dor desmedida vendo os animais sem comida, meus pais chorando e o futuro desmontado.

E aí mais uma despedida. Não tínhamos como ficar lá. A mãe foi quem deu a palavra final, de que não poderíamos mais ficar. Teríamos que partir em busca de uma vida melhor, de estudo, de trabalho, de comida. Ali tudo era passado e destruição. Não havia mais como sobreviver juntos. Foi muito duro, mas acredito que ali foi colocado mais um alicerce sólido na nossa história. Era preciso ter ousadia, perseverança e uma força cheia de Fé para persistir. A religiosidade foi primordial para nós naquele momento. Minha mãe garantiu a todos: "A mãe tem certeza de que vocês serão melhores, terão uma vida incrível".

Santas palavras.

Foi assim que partimos. Conduzidos pelo meu pai, meus irmãos e eu saímos de casa sem nada, apenas uma encomenda que a mãe havia preparado para que ele nos entregasse antes de entrarmos no ônibus. Ela não queria que saíssemos levando a fome em nossos ventres, já que todo o resto, a tristeza, a sensação de perda, um desalento amortecedor, nós todos – sem exceção – carregávamos. Era duro demais. Recordo até hoje a dor que vi nos olhos marejados, vermelhos de tristeza, e na voz embargada do meu pai ao nos dizer adeus, ao nos abraçar e nos entregar ao mundo! Com suas mãos cansadas e calejadas, segurava forte o pacote de papel, amarrado com um barbante para que não vazasse ou se perdesse, para que não sujássemos nossas mãos e não passássemos fome, ao menos naquele dia. Seus olhos cansados e tristes apontaram que ali ele sabia que tinha perdido, mas ele estava enganado.

Dona Eloína, uma mulher que carregava consigo força tamanha para abrir mão dos seus bens mais preciosos, não teve coragem de se despedir dos filhos, mas preparou um prato "justo" de comida: um prato de frango frito à milanesa.

"Era tudo que a mãe tinha", disse o pai, entregando com cuidado, como quem entrega um tesouro. Para mim, aquilo não fez muita diferença, na hora eu só pensava que aquilo não adiantava, pois eu não tinha fome. Meu sentimento era só de desespero.

Sentados à beira da estrada, esperamos o ônibus por horas a fio. Lembro-me do cheiro da grama úmida e, depois, do odor forte que sentimos dentro do ônibus que nos levaria a Curitiba (foram 360 km) por longas horas. Ali tinha de tudo. O cheiro das pessoas se misturava ao dos animais, cachorro, porco, galinha, como em cenas de filmes que relatam a triste vida dos retirantes. Fui eu também essa menina retirante, de olhar perdido, coração estilhaçado e uma profunda vontade de vomitar com o balanço da estrada hiperdimensionando o cheiro de tudo e de todos e ainda o pó.

Meu desespero era absoluto. Não sei como sobrevivi. Sinceramente não tenho como duvidar de ter sido a escolhida d'Ele e só por isso, apenas por isso, resisti.

"Esse não é o meu alimento, o meu alimento é a minha mãe e o meu pai", era só isso que a menina Cle queria ao olhar o prato preparado pela mãe. Os pais, as terras, a árvore, meu campo de balas, o barulho dos passarinhos, o relinchar dos cavalos, o latido dos cães, o barulho das árvores sendo embaladas pelo vento e aquele cheiro de terra queimada...

Quanto aos meus pais, ao fazerem isso, nos enviaram para lugares que jamais teríamos a oportunidade de ocupar. Importante termos consciência de que, ao abrirmos nossas portas de segurança, ao irmos rumo ao desconhecido, tivemos uma chance muito grande de descobrir muito além do que estava previsto para nós ao nascermos.

O que quero dizer é que, se você é pobre, não tem nada e vai em frente, na busca, saindo de onde está, indo para um lugar onde tudo é novo, você acaba por desenvolver uma visão mais ampla do seu "novo mundo", porque tudo é novidade. Para os que já nascem com tudo, é só continuação, e muitos não se sentem motivados, porque se acomodam em não precisar ir atrás da sobrevivência, ao passo que para o pobre é tudo ou nada, e com o nada ele não come, não dorme, não vive.

DURA VIDA NOVA

Aqueles tempos foram definitivamente provas de fogo para mim. Além da desgraça do incêndio vivida por todos, dali para a frente meus novos lares seriam sempre sem meus pais. Um desafio que eu encaro como o maior que já vivi. Eu era ainda muito pequena. Vendo uma criança hoje da idade que eu tinha, percebo o quanto isso foi traumático e também entendo muito bem de onde tirei tanta força: era necessidade.

Não tinha "choro, nem vela", como se diz na linguagem popular. Fazia tempo que eu já não era mais tratada como criança, e sim como mais um membro da família que precisava colaborar. Sendo assim, me resignei e, com minha infância ceifada, virei uma menina que tinha comportamento de adulto: continuei trabalhando e colaborando com tudo em casa e ainda estudava e buscava forças para viver no meio de pessoas que eram sangue do meu sangue, mas não eram minha heroína Eloína.

Chegando a Curitiba, fomos morar com os meus avós paternos. Era uma casa pequena, tínhamos que nos acomodar e, sobretudo, não incomodar, continuar nossas vidas, recomeçar, todos, à sua maneira, se virar, estudar e acreditar que, sim, poderíamos ter uma vida nova melhor.

Era essa a orientação geral que passava dos mais velhos para os mais novos, com uma hierarquia clara entre nós. Não foi fácil para nenhum de nós. Estranhávamos tudo. E eu? A vida na cidade grande não era como eu sonhava e eu ainda estava presa em querer voltar para nossa casa na ribanceira, mas não, não dava, não deu, aquilo havia acabado definitivamente em nossas vidas e só o tempo poderia acalmar meu coração. Na real, uma criança não supera nunca uma dor como essa, apenas esquece e segue em frente. O esquecimento é uma forma inteligente de poder prosseguir.

Depois de um tempo morando com a minha avó, minha irmã mais velha deu um jeito para sairmos dali. Ela já trabalhava e ganhava pouco, mas o suficiente para alugar uma "meia-água" e nos mandarmos de lá numa boa. A pequena construção ficava nos fundos da casa de minhas primas, o que não era ruim, pois eu sempre adorei tê-las por perto, ao menos quando eu morava ainda no mato! Era tudo minúsculo: uma cozinha bem pequena, um banheiro, um corredor e um quarto com beliches. Como eu era a pequerrucha do bando, sobravam sempre os piores lugares, os cantinhos! Eu dormia em frente ao banheiro (imaginem!!) em um sofá de molas! Minhas costas doíam muito, mas o pior mesmo era o cheiro de fossa que vinha direto no meu rosto, adentrava minhas narinas, mas eu era obrigada a adormecer de qualquer jeito.

Muitas noites não consegui dormir. Tinha pavor daquilo, mas era o que tínhamos e, acreditem, era muito! Tudo precário e ninguém podia dar um "pio". Tínhamos que agradecer a Deus e continuar!

"GATO E SAPATO"

Foi naquela época que vivi uma das primeiras frustrações com pessoas próximas. Eu não tinha nada mesmo e já gostava de roupas (quem não?), de me vestir bem. Eu me lembrava da minha avó, tão elegante, e achava e acho ainda que o jeito como nos vestimos comunica ao mundo o que somos. E eu adorava andar alegre e enfeitada, por isso às vezes me arrumava com roupas e sapatos de outras meninas.

Numa dessas aventuras de me fazerem de gato e sapato porque eu era a pequena, tive que tirar toda a minha "produção" no meio da rua. A pessoa que me emprestou se aborreceu com algo, até hoje não sei se em mim ou com a vida dela, e resolveu me fazer tirar a todo custo, no meio da rua, o "look" emprestado. Imaginem que voltei para casa quase sem roupa e de pés descalços! Essa foi uma das raras vezes que minha mãe estava em Curitiba e assistiu à cena. Me viu chegando com os pés descalços, imundos, humilhada por não ter minhas próprias roupas e acessórios, por ter que voltar para casa daquele jeito.

Ao me ver, ela me pegou nos braços e disse bem baixinho no meu ouvido: "Minha filha, você nasceu para ser grande! Você ainda vai ter muito. Não ligue para isso. Você vai conquistar o mundo".

Mais uma vez, Eloína lançou em mim votos de Deus através de seu amor. Sempre me senti acompanhada por Ele e fui em frente, ciente de que, se minha mãe havia dito, era verdade. Eu seria alguém na vida. E um dia "eu poderia ver esses momentos tristes e humilhantes como um caminho de sucesso", pensava assim. Pedras no meu caminho, sim, as tive, mas segui abençoada e continuei. A história do plano B não existia para mim. Era continuar, sem resmungar muito, e viver momentos melhores.

E como os vivi e os vivo!

REENCONTROS

CURITIBA, 1985

Depois daquele fatídico dia que o pai nos embarcou, pouco tive contato com ele. Fomos embora viver o resto de nossas vidas sem o pai e a mãe. Havíamos vivido o fim da nossa história de vida com um pai e uma mãe presentes. E foi definitivo. Com o passar dos anos e todos os desafios vividos, acabei esquecendo o pouco que conheci do pai. Claro, havia as memórias da infância, os momentos de carinho, a história do "campo de balas", as cavalgadas, as horas das rezas, o rádio ligado n'*A Voz do Brasil*, mas isso era pouco para que eu, depois de adulta, tivesse consciência de quem ele realmente era. A partir do momento em que me vi sozinha no mundo, as lembranças foram ficando reduzidas e somente na década de 1980 finalmente pude conhecer meu pai.

Já doente, em estado terminal de câncer, foi trazido para um hospital em Curitiba. Ali, acamado e fraco, nos encontramos envolvidos de muito amor.

No meio das luzes frias do hospital, a iluminação espiritual de um momento que marcaria novamente a minha vida. Mesmo sabendo que o pai estava morrendo, não levamos esse momento como triste ou desesperador, mas nos agarramos a ele como algo precioso, como se ali o tempo estivesse fluindo a nosso favor, como uma trégua dada antes de uma batalha final, como uma chance de resgatar algo muito preciso. E era. Resgatamos a memória do nosso pai.

Foram 21 dias juntos conversando, ouvindo e contando histórias. Ele se inteirando da nossa evolução (os filhos dele), aqueles que colocou no ônibus para irem em busca de uma vida melhor. Eu e dois dos meus irmãos nos ocupávamos dos cuidados com o pai. Ali conhecemos aquele homem que nos deu a vida e o legado de buscarmos nossos sonhos.

Ali, naquele tempo, pude agradecê-lo e pude entender quem ele era. Um homem batalhador, que queria que os filhos crescessem. Um homem que sofreu muito por não ter podido estudar (os irmãos sim, mas ele não).

Ele teve que transmitir os valores do jeito dele, na simplicidade, e acho que por isso ele e minha mãe deram tão certo, pois ela também não tinha estudo, mas valores.

Eram simples, mas gigantes de amor, fé e coragem.

Ali nos despedimos, sem dizer adeus.

Nosso pai foi levado para Telêmaco Borba, onde seria atendido por seu médico. Antes mesmo de chegar ao destino, partiu, tendo realizado o desejo de que os filhos não o vissem morrer.

O OUTRO LADO DAS COISAS

CURITIBA, 2023

Quando me lembro dos meus momentos descalça ou sem dinheiro para comprar comida, tenho certeza de que não estou e nunca estive sozinha.

Sei que essa é a realidade de muita gente, sei que o mundo tem centenas de milhares de pessoas vivendo em situações até piores. Me solidarizo muito com essa situação e hoje, sempre que posso (e posso sempre), ajudo comunidades no Brasil e no mundo, principalmente em programas do Nordeste e na África. É meu papel ser veículo de melhores condições na vida dessas pessoas, pois eu sei o que é viver nesse lugar. Eu já estive do outro lado e reconheço que é muito importante não apenas se solidarizar intimamente, orando por um mundo melhor, mas efetivamente ajudar quem precisa. Com recursos.

Faço minha parte e não me vanglorio por isso. Sempre tenho a sensação de que ainda é pouco.

PEDRAS VALIOSÍSSIMAS

CURITIBA, 1975

Nosso dia a dia em Curitiba não era mole, não. A vida continuava mostrando ser pesada. Além de termos que morar em uma meia-água alugada, todo final de ano, em vez de eu viver momentos mágicos com meu aniversário e as "mesadas de anjo" promovidas por minha mãe e minha avó no passado, passávamos por mais dificuldades: os proprietários queriam alugar a nossa casa para outras pessoas, então éramos obrigados a nos mudar.

Os ciclos de instabilidades não tinham fim! Éramos definitivamente nômades. Ou quase isso, já que ficamos em Curitiba, mas não era brinquedo, não!

Ali aprendi novamente a tirar lições da dificuldade: passávamos horas fazendo cálculos para ver aonde poderíamos ir com base em nossas receitas e despesas. Não tínhamos opção de ficar, era partir ou partir. Ou saíamos por nossa conta ou íamos para o meio da rua, despejados. De toda maneira, nossa educação rígida e nossos valores sólidos não ofereciam muita flexibilidade. Nós nos organizávamos e saíamos com a cabeça erguida. Embora eu sempre pensasse que as coisas iriam acontecer como num passe de mágica, como era nos meus sonhos, não era bem assim. Foi preciso muita persistência. Imaginem que, a cada troca de casa, a cada final de ano, era necessário ter um fiador, mas quem faria isso por nós?

A gente dava um jeito, nos virávamos. Apesar disso, sempre existia uma tensão. O medo de irmos para o fio da calçada estava ali, presente, pairando como um fantasma. O mais incrível de tudo isso é que eu olho hoje para esse passado e não me sinto pobrezinha de nada, mas, sim, que tudo o que passei foi para me tornar a pessoa que sou hoje: alguém forte e determinada, que acredita em Deus, apesar de tudo, apesar de todas as provações, apesar do cheiro de fossa que me fazia passar noites duras em um sofá de molas velhas no canto da sala.

Eu acreditava que venceria um dia.

Eu acreditava que era a escolhida d'Ele.

Era e sou.

HÁBITOS

CURITIBA, 2023

4h30 da manhã é a hora que eu acordo geralmente. Sempre fui de acordar cedo e esse é um hábito perfeito para aproveitarmos o máximo de tempo que temos para viver! Eu AMO viver. E você? A chance de poder recomeçar me anima. A cada novo dia, a oportunidade de fazer coisas, realizar nossos sonhos. É tudo tão perfeito.

Meu apartamento aqui em Curitiba é muito confortável! Ele é bem grande e não fica longe do centro da cidade, onde um dia fui uma menina que trabalhava e andava de ônibus enquanto estudava e comia minha bananinha.

Gosto de me sentir perto das coisas e lugares de onde tenho lembranças, embora hoje as distâncias não sejam um problema para mim. Posso ir aonde quero e do jeito que quero. Aqui ao lado tem o salão que eu frequento há anos, aliás faço meu cabelo sempre com a mesma pessoa. Tenho hábitos e sou fiel aos profissionais que cuidam de mim. Gosto dessa ligação estreita de confiança que desenvolvemos com as pessoas. É importante manter laços. Diria que é fundamental desenvolvermos afinidades e confiança. Quanto mais confiamos, mais seguros ficamos e eu valorizo quem está perto e colaborando comigo. Acho importante a solidez nas relações. Diz muito sobre quem somos o jeito como tratamos os outros.

E, além do mais, gosto de gente que me conhece!

Outro hábito que tenho é sempre tomar banho gelado. Me transporta para os tempos do rio Tibagi e acordo para a vida! E, em termos de saúde, é excelente para a circulação. Tem gente que acha que é só charme, mas não é. Por querer ter energia, amo me cuidar, e banho gelado ajuda a manter a pele bonita e atua muito na nossa disposição, apesar de que não tenho nenhum problema com falta dela. Sou ligada 200% na tomada, como dizem por aí!

Dia desses, uma amiga perguntou se eu não canso. "Não, não canso". Ela estava atônita ao ver minha disposição depois de termos passado a tarde trabalhando muito em um novo projeto. Acho engraçado meus filhos dizerem que amam o final de semana para poder dormir. Eu durmo, claro, mas se pudesse não dormiria. Gosto muito de estar viva e apreciando cada momento que tenho por aqui. Gosto de me sentir viva e, principalmente, me sentir útil na vida de outras pessoas também. Fazer a diferença na vida dos outros, como fiz com a saúde e a alimentação, dois ramos em que concentro meus negócios atualmente, que me fazem querer não dormir e ficar atenta ao mundo! É uma das chaves do sucesso. Tenho certeza. Do meu, ao menos.

Voltando ao meu apartamento, demorei alguns anos para reformá-lo. Comprei outro não muito longe e fiquei vivendo lá enquanto o atual estava sendo preparado para atender às minhas necessidades. Queria que meus filhos ficassem perto, no mesmo prédio, e que pudéssemos ter a possibilidade de não vivermos isolados, embora tenhamos nossas vidas privadas bem reservadas. É importante o convívio, saber que temos uns aos outros. Mas é importantíssimo ter privacidade. Respeito muito e gosto de ter minha liberdade preservada. Somos todos livres e, ao mesmo tempo, muito unidos. Por vontade, e não por obrigação. Esse é o espírito de minha família.

Depois de acordar e fazer minhas orações, tomo meu café com calma (o mesmo menu que comentei, do apartamento de Paris, ovos, frutas, café) e vou fazer meu exercício físico diário. Atualmente, frequento a academia (como sempre) e depois jogo *beach tennis*. Hoje mesmo joguei três horas com um grupo de meninas muito mais jovens! Elas cansaram, desistiram e eu queria mais. Fui até onde tive vontade. Três horas não é nada mau! Foi muito divertido e renovador! Não perco a chance de evoluir nas coisas que faço. Mesmo na minha idade, gosto de aprender, me aperfeiçoar, evoluir. É algo básico para não ficarmos atrasados num mundo tão cheio de novidades.

Quando me vi presa em casa durante a pandemia, comecei a fazer *lives* e aprendi muita coisa, não só com as pessoas que entrevistei, mas com meus seguidores. Eu precisava daquilo para me capitalizar financeiramente? Não, mas enriqueci muito pessoalmente. É importante saber isto: aprender é enriquecer, e riqueza é um bem muito maior do que o dinheiro, embora ele, nesse mundo em que vivemos, seja muito importante para garantir conforto, dignidade, segurança e um futuro melhor para os que nos cercam e para a nossa família.

Está tudo interligado. Ação, movimento, cabeça voltada para o lado bom das coisas (afastar a negatividade e o medo), fé e ação!

CAVALOS E MÁQUINAS

Quando eu era pequena, meu pai me ensinou a andar a cavalo. Ali nascia um amor gigante por esse animal tão doce, tão potente e que representa muito para mim. Naqueles tempos, aconteciam corridas de cavalo perto da minha casa e eu era levada para participar. As carreiras eram minha paixão! Eu, ainda pequenina, montava e participava ao lado de outras crianças de um momento tão importante para os adultos. Era tudo tão mágico. Ainda sinto a emoção daqueles dias em que, se a gente ganhasse, tinha acesso às maravilhosas bolachas do seu João. Eu adorava quando ele chegava. Seu João das bolachas representava para mim a vitória. Só de vê-lo aparecer no ambiente, meus sentidos já se aguçavam. Era mais um incentivo para que eu entrasse naquele *looping* de ansiedade e alegria que faziam meu corpo vibrar.

Sempre fui apaixonada por comida, por animais, por água e por vidas humanas!

E por falar da minha paixão por máquinas, olha só: o motor de uma Lamborghini tem potência de 700 cavalos. Já o de uma Mansory Ferrari tem 1100 cavalos! Como não amar as máquinas se elas têm potências em cavalos? Impossível. Do tempo das carreiras em que eu ia com meu pai aos que me tornei uma mulher com muitos recursos, passaram-se muitas vidas, mas carreguei comigo a mesma paixão, aquela da menina que sempre curtiu velocidade e que sempre associou isso a amor, fartura e abundância. Está tudo conectado, ativado dentro de mim.

Hoje tenho cavalos e alguns modelos de carros raros e todos eles, gosto de destacar, eu mesma dirijo. E monto cavalos também!

Para mim, a ação de dominar uma máquina me faz vibrar. Vibrar!

Ao montar um cavalo, viajo aos tempos de felicidade da infância. Tudo do passado da minha menina se conecta ao meu presente.

Tem gente que acha que é ostentação falar em cavalos e carros, mas para mim é o sonho da pequena Cle realizado. Não ligo para críticas. Uma mente capaz de ir em frente e vencer na vida não dá ouvidos à negatividade nem aos *haters*. Não me incomodo, não perco meu precioso tempo. Filtre o que lhe serve e siga em frente! Não podemos deixar o veneno entrar na nossa casa. E ponto. Eu sei o quanto trilhei para chegar até aqui. Verdade que ninguém tem obrigação de adivinhar nossas caminhadas. Podemos esclarecer quando somos pessoas públicas, mas não podemos nos privar de usufruir. É conquistado.

Há alguns anos, comprei também um helicóptero. Na hora de escolher, acabei optando por ter um para me locomover entre Curitiba, Floripa, Camboriú e São Paulo. Tendo sido uma menina pobre que sonhou e planificou ter prédios, carros e aviões em galhos de árvores, acho que deu certo! Hoje gosto de conforto, mas sempre digo para quem convive comigo que não sou de exageros. O bom de ter uma vida confortável e farta é exatamente usufruir e não desperdiçar. Gosto muito de manter meus pés no chão e estar em contato com o resto do mundo. Gosto muito também do que é simples, principalmente de pessoas que não se perderam no meio da estrada, que ficaram conectadas com suas origens. Nunca devemos nos esquecer de onde viemos.

GAROTA PRENDADA, SIM!

Contei antes aqui que, desde pequena, aprendi a fazer tudo na minha casa. Aos sete anos, já lavava, passava e cozinhava. Hoje tenho muitas casas e não preciso fazer muita coisa, pois meus colaboradores maravilhosos fazem para mim e eu valorizo muito quem cuida de mim e dos meus, mas ainda acho bom ir para a cozinha e preparar algo para receber amigos queridos, ou para meus filhos, meu marido. Não faço sempre, claro, mas gosto. Me mantém ligada às minhas raízes. Eloína, minha mãezinha, que, a essas alturas, você já conhece bem, nos ensinou a ser prendadas. Naquela época, era importante para garantir um bom casamento. Claro que isso está completamente datado, mas era o que as famílias faziam: preparavam as filhas para serem donas de casa. Como éramos pobres, não tínhamos como ir a boas escolas, nosso acesso era restrito, por isso estarmos preparadas era ainda mais importante. Aprendi a cozinhar, passar, estudei corte e costura e amo saber mais! Posso tirar as medidas e até costurar uma peça de roupa, quem se arrisca?

Saber fazer muitas coisas abre muito nossos caminhos na hora de procurar um trabalho, um emprego. Eu aprendi muito cedo que, quanto maior fosse meu conhecimento das coisas, mais longe eu poderia ir. E fui. Não tenha vergonha. Mesmo que hoje as coisas sejam diferentes, é fundamental que sejamos capazes de gerir nossa própria casa. Isso se chama liberdade. E ela tem um valor imensurável. Se você quer prosperidade, diria que esses são pilares primordiais.

Ser capaz. Ser livre. Ser independente.

Arrumar a própria casa com todo cuidado faz parte disso.

Não se engane.

As coisas começam no ninho.

"CLEMILDA, VOCÊ PRECISA TRABALHAR"

CURITIBA, 1965

A ordem chegou da minha irmã mais velha e "chefe da nossa equipe familiar".

Eu, montada num banquinho para alcançar melhor a pia cheia de louças do café da manhã, só senti um frio que veio da espinha até o último fio dos meus longos cabelos. Naquele momento, era como se o chão tivesse se aberto e eu estivesse igual Alice no País das Maravilhas: dentro de um redemoinho caindo para dentro de um mundo desconhecido. Isso durou alguns segundos.

Fui "acordada" pelo som do radinho que também tínhamos em casa. Era uma memória do pai que mantivemos e eu amava ouvir. Voltei a mim e à minha sensação de garota grande. Pensei: "E agora, meu pai??". Mas não foi pior, não. Eu já tinha 10 anos de idade e, apesar de ajudar muito a minha família em casa, era necessário que eu contribuísse financeiramente também. Justo. Lá fui eu para o mercado de trabalho cheia de sonhos e responsabilidades.

Assim, "me" arranjaram uma vaga no jornal *Gazeta do Povo*, onde um dos meus tios tinha um cargo de chefia e deu um jeito de me encaixar. Os jornais sempre tiveram vagas "mirins", coisa que atualmente acredito não existir mais. Lugar de criança é na escola, não é mesmo? Deveria. No meu caso, a infância tinha ficado para trás. Tudo era passado e lembrança e assim entrei no mundo do trabalho dos adultos com muita alegria! Teria meu salário, poderia participar efetivamente dos planos de melhorar nossas vidas e poderia comprar minhas guloseimas, roupas e alguns brinquedos. Não que eu os quisesse, porque não dava tempo de pensar neles, mas quem sabe chegava um tempo de descanso? Quem sabe era chegada a hora?

Trabalhar num jornal? O lugar onde nascem as notícias que ouço na rádio? Ao menos foi o que me explicaram, e eu gravei essa informação como algo de enorme utilidade. Lembro-me de anotar em um caderninho tudo o que pudesse me ajudar a desbravar o que, para mim, era um novo mundo. E tudo era MUNDO NOVO! Eu não era Alice, mas descobria coisas mágicas. Mais tarde, fiquei sabendo que anotar o que desejamos que aconteça é uma técnica para realizar nossos desejos, mas para mim sempre foi a conexão com Ele!

E essa mudança de vida foi o máximo para mim. Eu iria me vestir e ir ao centro todos os dias, veria os carros, os prédios, as árvores lindas de Curitiba que, por sinal, sempre me fascinaram! E eu iria ser a auxiliar da recepcionista e teria que sair do meu lugar de bichinho do mato e falar num negócio vermelho muito estranho que eu jamais tinha visto parecido na vida.

O telefone, minha gente! Naquela época, era raro ver telefones. Nos lugares que eu havia frequentado até então, impossível. Assim, eu (que era bicho do mato, mas nunca fui boba) resolvi ver como a minha "chefa" fazia e, com meus dedinhos pequenos e ágeis de princesa ou rainha (lembra?), treinava diante do espelho o movimento da mão e como eu iria dizer "alô"!

O problema é que eu não entendia o processo de que teria uma voz ali dentro ou sei lá de onde ela vinha. Como podia ter apenas uma voz ali dentro e não uma pessoa inteira e, se havia uma pessoa, como ela cabia ali? Aquilo era um mistério gigantesco com o qual tive que lidar para aceitá-lo e desbravá-lo. Claro que desbravei.

DESBRAVANDO E APRENDENDO

Foi na *Gazeta* que tive meus primeiros mentores. Pessoas que me protegeram, me ensinaram como as coisas funcionam e, principalmente, me alertaram sobre o que era perigoso ou não para uma menina. Aquilo ali não era lugar para mim, mas fui bem tratada e bem cuidada por todos e tenho boas lembranças dessa época. O que quero dizer é que não fiquei com traumas por trabalhar cedo, pois minhas experiências foram cercadas de boas pessoas, como o meu tio que trabalhava lá e o dr. Daquino, por quem tenho uma profunda gratidão.

Fiquei dois anos trabalhando no térreo do jornal e vi muitas coisas fantásticas acontecerem. Um jornal tem uma janela aberta para todos os mundos e isso foi realmente muito enriquecedor para mim, principalmente numa idade em que eu apenas começava minha vida de adolescente e precisava e queria crescer na vida. Fui assim desbravando o medo do "troço vermelho", falando com as pessoas, entendendo o horário em que elas chegavam, saíam, como os repórteres corriam de um lado para o outro com seus caderninhos na mão e, sempre que eu ia embora, eles ficavam lá todos ainda trabalhando e magicamente (para mim) no outro dia eu via um jornal! Um não! Pilhas deles! Era uma fábrica de notícias, e isso me fascinou e me ajudou a viver aqueles tempos difíceis.

Dali fui trabalhar num escritório de advocacia, um lugar mais rígido, não tão movimentado, mas eu continuava precisando ajudar a minha família.

Nossa melhora de vida não aconteceu milagrosamente. Foram anos a fio de muito trabalho e pouco recurso.

Pense grande!
Seja forte!
Tenha atitude!
Chegue ao topo!
Mas jamais esqueça
onde você estava quando
deu o primeiro passo.

Clemilda Thomé

TÉCNICAS PARA LANCHAR COM O MENINO JESUS

Venham comigo:

Eu ganhava Cr$ 80 (oitenta cruzeiros), dos quais Cr$ 50 entregava para a minha família. Sobravam Cr$ 30 para pagar minha roupa, meu transporte e minha alimentação. Era pouco e muitas vezes eu tinha que sacrificar algo para comprar outro "algo". Então – já sabichona –, desenvolvi uma técnica de economia prática que era:

– Na hora do almoço, eu comprava uma banana grande!
– Na hora do almoço, eu pegava meus cadernos!
– Na hora do almoço, eu entrava em um ônibus!

Ali eu estudava, comia a minha fruta e assim não corria o risco de comprar algo que pudesse comprometer minhas despesas!

Assim, eu ia no fundo do ônibus estudando, descansava meu corpo, passeava pela cidade e voltava para o trabalho tranquila.

Essa foi a técnica mais útil de que me lembro naquela fase em que ainda era muito pequena, sozinha e cheia de responsabilidades!

Quem me ensinou? O Espírito Santo.

Eu ouvia a voz dele me dirigindo. Eu sabia que era Ele. Sempre foi Ele.

Lembrei-me de mais uma dessa época do "quase nada de dinheiro para comer". Fazia um tempo bom, desses ensolarados em que a gente gosta de esquentar o corpo no sol, ainda mais quando se trabalha em uma redação fria como era a da *Gazeta do Povo*. Na hora do almoço, quando eu tinha uma graninha, gostava de me sentar num dos bancos da praça Carlos Gomes, que era perto dos trabalhos, onde eu pegava meu ônibus para voltar para casa (eu morava num bairro longe, no Boqueirão) e comprava um cachorro-quente. Um luxo. O sol no ponto mais alto de um dia de inverno, perfeito para me sentar e comer no quentinho. Eu adorava aquilo, lembrava meus tempos da minha árvore mágica e da minha mãe...

Observar o movimento das árvores, o brilho do sol sobre elas e suas formas fantasmagóricas. Ali eu era feliz. Ainda mais nos dias em que eu podia comprar meu cachorro-quente!

Logo que me sentei e ia começar a degustar meu delicioso lanche, um menino parou do meu lado e, olhando profundamente em meus olhos, disse: "Dá um pedaço?". Sem muito pensar, rapidamente me lembrei da minha mãe, de seus ensinamentos e de como sempre deveríamos dividir nossa comida com quem precisasse. Ainda mais ali, naquele momento, aquele menino, senti uma fisgada forte no peito e a certeza no meu coração de que era o Menino Jesus.

Compartilhei. Em silêncio, comemos e eu agradeço até hoje a oportunidade de poder ser veículo de Deus. Ali, ainda pequena e com muito pouco, tive minhas primeiras experiências sobre o que é compartilhar. O que adianta termos e não compartirmos? Nada. Não estamos aqui para apenas receber. É uma missão de todos, cada um na sua escala, ajudar o próximo: isso é felicidade.

Fui feliz naquele momento. Lembro-me de ter voltado para casa confiante de que eu já era alguém capaz de compartilhar meu cachorro-quente com o Menino Jesus.

Amai ao próximo como
a ti mesmo, fazei pelos outros
o que gostaríamos que
os outros fizessem por nós.

Mateus 22

AJUDANDO SEMPRE

O episódio do Menino Jesus foi uma das minhas primeiras experiências de ajudar os outros. Ao longo da minha vida, fui muito ajudada e levei sempre a sério a corrente do bem, como empresária, como cidadã e, antes de tudo, como cristã.

Mas a ideia não é ficar aqui contando tudo o que faço. O intuito de dar a mão aos outros não é algo a ser dito, mas algo a ser feito.

EM TIME QUE ESTÁ GANHANDO NÃO SE MEXE, MAS, SE O TIME PERDE, SE MEXE

CURITIBA, 2023

Desde que voltei de Paris, no começo do mês de outubro, minha vida está uma loucura! De coisas boas, claro, mas que exigem muito de mim. Embora eu tenha equipes muito capazes nos meus negócios, somos eu e meus filhos José Guilherme e João Alfredo. Nós damos a palavra final, batemos o martelo.

Tenho uma paixão pela área de alimentação. Há alguns anos comecei a investir nela. Abri o Bee. O, um empório pioneiro no Brasil na venda de produtos orgânicos. E não foi só isso! Criamos uma panificação própria e hoje vendemos e servimos nossos próprios pães nos nossos restaurantes.

As coisas mudam muito rápido e, principalmente nessa área, profundamente abalada com a pandemia da covid-19. Bem, "em time que está ganhando não se mexe", mas, se o time perde, se mexe! Não gosto de ficar parada em nada e sempre reajo rápido quando as coisas não andam bem nos negócios. Desde pequena trabalhando perto das notícias do mundo deu nisso! Quando trabalhei no jornal, via tudo quentinho saindo do forno. Gosto de acompanhar tudo e ver minhas empresas sempre em harmonia com os novos ares.

E nesse momento, especificamente, estamos modificando um dos restaurantes que mantive funcionando justamente para atender a um número maior de paladares. Assim, pessoas que têm gostos diferentes podem frequentar a mesma mesa: um cardápio que atenda quem come isso ou aquilo é a necessidade primordial atualmente, entende? Se servirmos apenas um tipo de carne, por exemplo, o que não come não pode vir junto? Não!!! Queremos as famílias, os amigos, as pessoas de gostos ecléticos juntas na mesma mesa! Por isso a mudança. É essa a necessidade? Agimos e transformamos. Sou de rápidas ações.

Tempo é dinheiro? Sim, mas tempo é muito mais que isso, é VIDA. E eu amo e valorizo cada minuto da minha. Aconselho você a se amar e valorizar ações e mudanças quando elas se mostram necessárias.

Uns se dizem ricos não
tendo nada; outros se dizem
pobres tendo grandes riquezas.

Provérbios 13:7

UM ENORME PULO

DE VOLTA PARA 1974

Eu já estava ficando mocinha, tinha cabelos longos que batiam na cintura e usava vestidos de chita, a estampa floral mais simples e mais brasileira que existe, que era o que eu podia vestir com a condição financeira que tinha. Nessa época, voltei a trabalhar no jornal, agora como recepcionista! Eu já havia aprendido bastante e poderia exercer o cargo. Lembro-me da paixão que eu tinha pelo jornal e pelas suas imensas máquinas, do tamanho de um elefante, ou o que eu imaginava ser o tamanho de um!

Ali, naquele lugar, sonhei muito, trabalhei duro e fui aprendendo muito. Tudo muito. Quanta intensidade cabe na vida de uma adolescente que teve a infância interrompida e passa para uma nova fase sem ter tempo para brincar ou pensar em banalidades?

O que melhor que uma fábrica de notícias para fazer alguém cheio de interesse pela vida crescer e aprender? Eu sabia o que queria e ali sonhei, depositei muitos bons pensamentos para meu futuro. Meus olhos brilhavam ao chegar à sala de fotolitos. Eu adorava redação, correção, e meus superiores perceberam esse brilho. Acabei indo trabalhar lá!

O mais interessante é que ali aprendi muita coisa que depois, ao criar minhas empresas, pude colocar em prática. Dizem que é interessante termos conhecimento amplo das coisas. Um pouco de tudo faz uma boa base para entender o que é a roda do mundo e como ela gira. E para mim foi assim: passei da infância para a adolescência aprendendo.

A experiência no jornal criou em mim o interesse em saber o que acontece nas mais variadas áreas. É bem assim, precisamos ter consciência do que se passa, entender um pouco de política, economia, saúde, tudo anda junto com educação, cultura, arte! Sempre me empolguei em saber que eu poderia abastecer meu conhecimento. Me pedem muitos conselhos sobre como ser "como eu". Acho graça, pois formei meu "eu" fazendo sonhos numa realidade difícil e vendo beleza em grandes máquinas de jornal ou nas curvas dos bancos da praça Carlos Gomes, onde eu me sentava para comer meu sanduíche com o Menino Jesus.

11 KM

Caminhar para chegar em casa à noite era a minha realidade na adolescência. Eu e meus pés cansados fazíamos 11 km para voltar da escola. Sozinha, eu tinha que me cuidar, me virar, pois meus irmãos não podiam me buscar. Tudo isso sem reclamar, mas não por uma dose barata de otimismo, porque a vida, para quem tem que trabalhar, buscar conhecimento e ganhar o pão, não dá moleza e fica mais fácil, sim, se enfrentarmos tudo com uma visão boa das coisas. Essa é uma realidade para quem tem um pouco de inteligência emocional. Fica mais fácil, fica mais leve, fica tudo mais bonito.

Nas noites frias, e eram muitas (Curitiba é uma das cidades mais frias do país, com temperaturas que podem chegar abaixo de zero no inverno), eu andava mais rápido para me aquecer e não chamar a atenção para o fato de ser uma bela adolescente sozinha. Eu achava que funcionava. As pessoas me olhavam com espanto. Sobre ser bonita, nunca pensava sobre isso, porque tinha a cabeça muito concentrada em aprender. Se eu me perdesse no que a minha aparência física poderia me trazer, talvez não tivesse estudado tanto e construído o que construí. Algumas vezes, me diverti com isso, como quando entrei num concurso de beleza e ganhei o título de princesa! E lá foi a jovem com sua faixa caminhar para casa e, dessa vez, tive que tirar os sapatos e andar descalça. Parece conto de fadas, a história da moça pobre que vem de uma infância triste e passa até fome, anda descalça, para um dia vencer na vida, mas é a verdade. Essa é a minha vida!

Só que, no meu caso, não teve príncipe, mas tem cavalos (eu os amo! Você sabe!) e um homem trabalhador, além de muita, mas muita coragem e fé.

Sobre caminhar até ralar os pés: era isso ou não fazer certas coisas, porque às vezes não tinha mais ônibus ou eu não tinha dinheiro.

O que me ajudava era que eu não tinha medo e os tempos eram outros. Mas levei meus sustos. Era uma noite muito escura, lua minguante e aquelas enormes avenidas vazias no meu trajeto. De repente, só senti um barulho de carro e uma mão que passou em meu corpo, quase como um sopro. Fiquei apavorada, sem saber para onde correr. Francamente, quanto desrespeito! Foi só uma vez, mas se fosse hoje acredito que eu não teria a mesma sorte. No aspecto da segurança, a vida mudou muito e, infelizmente, para pior. Não temos uma política de segurança pública no Brasil que permita a liberdade de ir e vir dos cidadãos sem que se corra risco de morte. Eu lamento tanto: um país rico que vive em constante instabilidade por falta de interesse de fazer as coisas darem certo. Sendo administradora, sei que poderíamos ter uma situação diferente. E como sei e como sinto. Não tem como não perceber e não sentir tristeza em ver tanto sofrimento num país tão maravilhoso como o nosso.

Quando virei adolescente (fiquei mocinha) é que pude começar a perceber os olhares dos homens para mim. Por sorte, minha criança sempre foi respeitada, mas, à medida que crescemos, temos experiências diferentes, e algumas assustadoras, como a da mão que eu levei voltando para casa...

Mesmo assim, posso dizer que fui afortunada por não ter maiores traumas, sabendo que a violência contra mulheres é algo real, concreto, com dados, estatísticas e, mesmo que não houvesse, nós todas confrontamos o machismo em qualquer lugar em que vivemos. É uma condição da sociedade, e minhas experiências me mostraram desde cedo que eu teria que lutar contra isso também.

Ao encontrar o machismo, ganhei mais vontade de vencer. Ali morava um desafio: se minha beleza física poderia significar para muitos uma fraqueza intelectual, esse lugar nunca me coube. Sempre tive força para lutar (do meu jeito) pelo que eu acreditava. Mas, claro, tive que fazer escolhas sérias para chegar mais longe. Minha determinação vem de Deus.

Nunca vou me cansar de dizer: sou a escolhida d'Ele.

COISAS COM "IA"

Sempre sonhei ser médica, porque amava a ideia de curar pessoas e, antes de tudo, tratar da saúde delas para que não ficassem doentes. Foi aí que me liguei que, se eu começasse a frequentar hospitais, já iria aprender, ter contato com a profissão tão sonhada. E foi justamente buscando esse sonho maior que tive meu primeiro confronto com o machismo, mas também o que eu chamo de virada de chave.

Escutem só!

Era um dia frio e cinza tipicamente curitibano e eu já estava na Santa Casa de Curitiba fazendo um curso de instrumentação cirúrgica. Sentada assistindo à aula ou participando de cirurgias, eu amava aquilo! Ver um coração vivo, real, pulsando, recebendo cuidados para continuar a existir me fascinava. O que aquela pessoa já tinha ali dentro? O que havia vivenciado que a levara a enfraquecer o órgão pulsante que simboliza o amor? Tudo isso passava pela minha cabeça sonhadora. Apesar de eu ser muito prática, tenho uma mente imaginativa, que gosta de colocar beleza em tudo, mesmo que seja em uma mesa de uma cirurgia para corrigir um problema crônico no coração de uma criança.

Tetralogia de Fallot é um conjunto de quatro anomalias:
Grande defeito do septo ventricular, obstrução da via de saída

do ventrículo direito, estenose da valva pulmonar, hipertrofia ventricular direita e excesso de "cavalgamento" da aorta. Os sintomas incluem cianose, dispneia durante a refeição, déficit de crescimento e crises hipercianóticas (episódios súbitos e potencialmente letais de cianose grave). É comum sopro sistólico rude audível na borda esternal esquerda superior com B2 único. O diagnóstico é por ecocardiografia. O tratamento definitivo é correção cirúrgica.

Durante uma aula prática, observávamos a cirurgia em um menino de cinco anos que tinha Tetralogia de Fallot. Meus olhos estavam vidrados naquele pequeno coração. Eu cheia de ilusões, entre o aprender e o rezar para que aquele inocente se salvasse, pois quem tem esse problema não passa dos 20 anos de idade, se não for corrigido, é claro. Imaginei ali meu futuro com vidas em minhas mãos. Me imaginei cirurgiã.

Os procedimentos começavam cedo. Eu chegava lá ainda escuro, pois às 07h30 da manhã já estávamos em cirurgia e dali não podíamos sair o dia todo, nem para ir ao banheiro! Mas eu amava aquilo e, mesmo cansada, aguentava firme. Foi quando, bem no final da cirurgia, o chefe da equipe, que também era meu professor, olhou para mim e perguntou: "Você, galega, o que vai fazer?". Rapidamente e me achando muito privilegiada pela pergunta, respondi que iria fazer Medicina, igual a ele, e ainda finalizei: "É o meu sonho!". Ele continuou e me perguntou: "Cardíaca?". "Sim, doutor", respondi. "Você já viu ou ouviu falar de alguma cirurgiã famosa em algum lugar do mundo?", ele disse.

Na hora, aquelas palavras me gelaram, pois eu não conhecia. Respondi, meio chocada, e ele continuou: "Pois é, mulher tem que fazer Psicologia, Biologia, Teologia, qualquer coisa com "ia", menos Medicina".

Ali meu chão se abriu mais uma vez na vida. Lá se foi Alice.

Até hoje, não entendo o machismo, mas não precisamos entender para saber que existe e para aprender os motivos de algo interferir no nosso destino. Naquele momento, eu não tinha como entender, mas peguei aquela carga negativa jogada para cima de mim e virei a chave. Para ele, eu era pobre demais para fazer Medicina e era mulher, que absurdo, não é mesmo? Pois eu fiz algo que talvez não fizesse hoje, mas fui pela lógica: naquele momento, não dava, eu realmente não poderia fazer Medicina. A vida continuava dura, eu tinha que trabalhar e não teria jeito algum, pois naqueles tempos só os ricos conseguiam cursar Medicina. Hoje não é diferente, famílias abastadas são as privilegiadas para estudo, artes, tudo, mas muita gente vence mesmo assim! Evoluímos muito e temos grandes mulheres nas mais diversas áreas. Que alívio!

Foi assim que, aos 19 anos, ingressei na faculdade de Psicologia! Entrei para os "ia" do doutor. Ele venceu com sua fala, destruiu meu sonho, só que não! Não lutei com negatividade. Fui fazer o que dava para fazer. A minha realidade não continha sonhos impossíveis. Em alguns momentos, era importante manter os pés no chão. E só pude começar a fazer faculdade porque meus patrões, que eu chamo de Anjos, os donos da *Gazeta do Povo*, pagaram a metade, e a outra veio de uma bolsa da própria faculdade. E me joguei.

Jean Piaget, Sigmund Freud, Abraham Maslow, Wilhelm Wundt, Melanie Klein, Erich Fromm eram meus novos companheiros de estudo. Eu adorava!

Quando você é obediente
àquilo que se propõe a
fazer e faz com princípios,
você vence! A pior dor será o
seu melhor conhecimento.

Clemilda Thomé

APRENDIZ DE TUDO

Na faculdade, descobri coisas muito interessantes de verdade, e eu gostava bastante, mas recebi um convite da Brastemp para ser coordenadora de vendas, algo pelo qual eu me interessava e que seria lucrativo para mim. Era irrecusável! Para tomar a decisão de abandonar a faculdade no quarto ano, fiz meus cálculos. Nada falha para a matemática!

Mas antes de chegar aos cálculos que eu já vou mostrar, foram muitos dias com a cabeça soltando fumaça, entre estudar e ganhar dinheiro para continuar lutando pelos meus sonhos, aqueles nos quais meu professor machista havia interferido com palavras infelizes. Pensei: "Quanto eu vou ganhar em dez anos com a Psicologia e quanto vou ganhar em dez anos com a Brastemp?". A resposta não deixava lugar para hesitações. Em um ano na Brastemp, eu ganharia o que demoraria dez anos para ganhar se prosseguisse na área da Psicologia. Bingo!

Deixei então a faculdade e fui atrás de ganhar dinheiro rapidamente para fazer o curso de Medicina (eu ainda queria!).

Não se espante, fiz muitas coisas nessa vida. Trabalho em casa, trabalho na rua e pouco tempo para namorar ou fazer festas, mas era isso ou aquilo. Na minha adolescência, eu mudava de emprego constantemente, não por ser má funcionária, mas, como sabia que não teria dinheiro para investir no curso de

Medicina, decidi passar por diferentes empresas para aprender novos conteúdos. Se eu queria entender do financeiro, trabalhava numa financiadora, aprendia e procurava entender sobre a área. Eu queria aprender muito sobre tudo! Assim, eu teria mais conhecimento sobre várias áreas de uma empresa.

Lá fui eu de novo!

Foram 12 anos de Brastemp.

JURERÊ, 2020

Fomos atravessados pela pandemia da covid-19, algo que nunca, nem nos meus piores temores, pude pensar viver. Estávamos eu, meu marido, o Mamá, duas funcionárias e a imensidão do mar de Santa Catarina, onde tenho um apartamento confortável que é meu QG nos verões. Um lugar lindo, abençoado pela beleza que Deus colocou na natureza, cheio de paz, mesmo que lá fora o mundo estivesse bem conturbado. Dizem que só fica na Ilha de Florianópolis, a Ilha da Magia, quem é abençoado, pois a ama e a respeita. Quem não tem a permissão divina acaba saindo daqui por um motivo ou outros. São crenças e bem... Ficamos!

E ficamos ilhados de tudo o que acontecia no mundo. As notícias de um vírus assustador e altamente contagioso espalhando-se descontroladamente nos levou para lá e de lá não saímos por e para nada! O esquema era rígido: quem entrava, não saía, quem partia, não voltava, quem ia e voltava, para trazer os mantimentos, não entrava. Sendo da área da saúde, sei bem que uma calamidade pública pode acontecer e, no começo, toda doença desconhecida é uma grande inimiga. Lá passamos os dias entre fazer meus exercícios físicos (coisa normal na minha rotina), comer, descansar e trabalhar.

Os projetos não pararam, mas eu me sentia estranha por estar longe dos meus filhos, ao mesmo tempo que me inquietava por todos. Tenho uma faculdade, a Ilapeo, empresas, fábricas, restaurantes, muita gente dependendo de mim. Meus poderes, naquele momento, ficaram restritos ao que podia fazer para que as pessoas garantissem suas vidas num momento tão crítico. Não foi fácil proteger a todos, mas fizemos o nosso melhor, garantindo que ninguém ficasse sem salário. Todos continuaram com os direitos preservados. Esses são meus valores e assim os mantenho intactos. De lá tentei dar a todos a segurança de que tudo ficaria bem!

Estava tudo muito tenso, pesado mesmo e, mesmo eu tendo a referência que pensar positivo é incrível, ver o mundo parado, sem poder fazer muita coisa, foi muito doloroso. Senti as dores do mundo e rezei muito para sair daquele momento com mais força e aprendizados.

Aprendi na pandemia a me comunicar mais, percebi que sou um meio de comunicação potente, que posso partilhar minhas vivências como empreendedora, empresária, cirurgiã-dentista, mulher. Como fiquei com tempo livre, acionei meu Instagram para fazer *lives* e entrevistei muita gente, com isso trazendo um momento de distração e aprendizado para mim e para quem entrou nessa comigo.

A partir daquele momento, tenho trocado informações com diversas pessoas, transmitindo meus conhecimentos da vida e aprendendo bastante com muita gente genial que também é abençoada por Deus.

De tudo, tiramos grandes lições, e a da pandemia foi a importância da nossa vida em sociedade.

PAIXÃO POR ARTE E BICHOS, FILANTROPIA E BRECHÓS

Romão, meu gato, anda por cima da imensa mesa de mármore da sala do meu apartamento de Curitiba. Aqui tudo lembra os tempos do lar onde nasci, a casa lá da ribanceira, onde a pequena Cle aprendeu o amor à vida e a fé no Espírito Santo.

Vocês já conhecem minha paixão por animais, minha loucura por cavalos e tantas lembranças que trago de parte da minha infância vivida perto deles. Fui construída amando a vida, e os animais fazem parte desse imenso mistério que Deus nos apresentou para que possamos viver em harmonia.

Eu amo muito os animais e, com Romão (um presente do meu marido, Mamá), vivencio atualmente experiências incríveis. Primeiro, porque ele lembra muito um gatinho que tive na infância e acabei perdendo. Um trauma grande, pois eu adorava aquele gato e o perdi subitamente. Antes do Mamá aparecer com Romão aqui em casa, ele avisou: "Clemilda, vou te dar um presente, mas vai demorar três meses para chegar".

Fiquei intrigada! O que ele estava tramando? Que presente poderia levar três meses para chegar? Um carro? Um vestido? Nada disso. Mamá foi bem mais profundo e sensível.

O dia que Romão chegou, confesso, levei um choque. Meu corpo gelou, porque nunca pensei que o Mamá pudesse ter captado a minha paixão por um gato de pelagem amarela e meu medo de reviver uma situação de perda, pois aquilo me marcou muito, mas ele captou direitinho! Meu marido é especial e eu o amo muito. Depois vou contar como nos fisgamos um ao outro, na verdade, mais ele que me fisgou... (risos) Estamos construindo uma bela relação, de respeito, admiração e muito trabalho. E, claro, muita diversão, afinal eu amo a vida e ele faz parte da minha atual felicidade!

Pelo Romão, minha paixão pelos gatos emergiu! Com a chegada desse bichano, fui levada novamente a um imenso lugar de lembranças do meu passado. Aos poucos, Romão tem se revelado uma figura importante na minha casa. Ele anda por aqui como o dono de tudo, por vezes some e eu fico desesperada. É como se uma parte de mim desaparecesse momentaneamente para só quando ele aparecer eu poder recuperar o ar e voltar a respirar calmamente. Romão é vida na minha vida! Ar no meu ar e uma prova de que Deus existe e zela por mim!

Semana passada, depois de fazer um jejum de 60 horas, coisa que volta e meia pratico para desintoxicar meu corpo e minha alma, eu não me sentia muito bem. Deitei-me para dar um tempo, tentar me resgatar de uma sensação muito bizarra, meus pés gelados, meu corpo tenso, a cabeça pesada como se eu tivesse ficado horas com ela numa corrente gelada. Estava sem entender muito aquela sensação que me acometeu repentinamente. Foi quando Romão, que não é de muito carinho, deitou-se em cima dos meus pés. Foi um desses instantes mágicos, uma troca de energias, e entendi que ele sentiu meu mal-estar e ali fizemos uma conexão preciosa. Fiquei quente na hora. Uma transfusão forte de calor. Os animais são a manifestação da presença de Deus na Terra. Do Espírito Santo. Como não os amar?

E hoje, outubro de 2023, pela mesma sala onde Romão passeia em cima da mesa, no outro canto, vejo uma caixa linda. É um projeto da Lady Gaga com uma marca de champanhe. Quem compra a edição especial ajuda o projeto da artista envolvendo crianças da África do Sul. Tô dentro. Amo a arte e a filantropia. E digo mais: amar a arte é algo que me preenche. Me faz brilhar os olhos. Me leva a outros mundos, sem sair do lugar. Mas também viajo e saio para buscá-la. Falando em Gaga, a vi num *show* em Las Vegas. Que força, que artista, que mulher vencedora fantástica. Amo muito conhecer a história de mulheres vencedoras. Lembro-me do doutor do "ia", aquele que disse que eu jamais poderia ser médica. Vencemos.

Anos atrás, fui a uma exposição de um artista que pinta os povos originários do Brasil e me apaixonei. Vi no rosto daqueles indígenas a lembrança de minha infância quando morávamos na mesma região deles e os víamos vendendo suas artes. Lembro-me até hoje do olhar daquelas crianças, sendo eu também uma, e me encantava com seus artesanatos vendidos lá do lado debaixo da ribanceira onde morávamos. Ficávamos naquelas trocas de olhares. Gravei na alma essa emoção e hoje tenho um quadro especial na minha casa que representa aquela cena.

A arte é vida. Ela toca, ela transcende. Além da arte, amo antiguidades, sou louca por um garimpo! Aliás, tive uma loja chamada Ateliê Vintage, em Curitiba. Isso antes do consumo de segunda mão virar moda no Brasil e no mundo. Sempre achei que temos que renovar as energias e tocar para a frente o que não usamos! Minha loja foi pioneira no Brasil em venda de roupas de luxo usadas. Acabei fechando para abarcar um projeto de alimentação no mesmo local, uma casa na Manoel Ribas tombada pelo patrimônio histórico e onde hoje temos o nosso restaurante de comida contemporânea, quer dizer, um misto de nossos sabores brasileiros com a gastronomia de outros países.

Nos garimpos, encontro roupas e objetos raros de casa e decoração, que não estão mais nas lojas novas e que ganham novas vidas quando os compramos. Tenho um aparelho inteiro (jantar, café, chá) de porcelana, com as minhas iniciais gravadas, comprado em uma loja de antiguidades, imaginem! Achar as iniciais do próprio nome! Quanta história viajando nesses objetos. As louças estão guardadas na minha sala de jantar em Curitiba e eu tenho um imenso carinho por adquirir peças que trazem conexão com quem sou. CT!

Importante a reciclagem, importante valorizar.

Importante não se deslumbrar apenas com o que é novo.

Importante valorizar o bom em qualquer circunstância.

Eu tenho coisas das quais não me desfaço por nada desse mundo.

Elas contam coisas para mim das quais gosto de me lembrar. Gosto de me sentir especial com referências trazidas de objetos.

Eles nos contam muito. E lembram que temos raízes. Sou dessas.

1 Tudo tem o seu tempo determinado, e há tempo para todo o
propósito debaixo do céu. 2 Há tempo de nascer, e tempo de
morrer; tempo de plantar, e tempo de arrancar o que se plan-
tou; 3 Tempo de matar, e tempo de curar; tempo de derrubar,
e tempo de edificar; 4 Tempo de chorar, e tempo de rir; tempo
de prantear, e tempo de dançar; 5 Tempo de espalhar pedras, e
tempo de ajuntar pedras; tempo de abraçar, e tempo de afastar-
-se de abraçar; 6 Tempo de buscar, e tempo de perder; tempo
de guardar, e tempo de lançar fora; 7 Tempo de rasgar, e tempo
de coser; tempo de estar calado, e tempo de falar; 8 Tempo de
amar, e tempo de odiar; tempo de guerra, e tempo de paz
9 Que proveito tem o trabalhador naquilo em que trabalha?
10 Tenho visto o trabalho que Deus deu aos filhos dos homens,
para com ele os exercitar. 11 Tudo fez formoso em seu tempo;
também pôs o mundo no coração do homem, sem que este
possa descobrir a obra que Deus fez desde o princípio até ao
fim. 12 Já tenho entendido que não há coisa melhor para eles
do que alegrar-se e fazer bem na sua vida; 13 E também que todo
o homem coma e beba, e goze do bem de todo o seu trabalho;
isto é um dom de Deus. 14 Eu sei que tudo quanto Deus faz
durará eternamente; nada se lhe deve acrescentar, e nada se lhe
deve tirar; e isto faz Deus para que haja temor diante dele. 15 O
que é, já foi; e o que há de ser, também já foi; e Deus pede conta
do que passou. 16 Vi mais debaixo do sol que no lugar do juízo
havia impiedade, e no lugar da justiça havia iniquidade. 17 Eu
disse no meu coração: Deus julgará o justo e o ímpio; porque
há um tempo para todo o propósito e para toda a obra. 18 Disse
eu no meu coração, quanto a condição dos filhos dos homens,
que Deus os provaria, para que assim pudessem ver que são em
si mesmos como os animais. 19 Porque o que sucede aos filhos

dos homens, isso mesmo também sucede aos animais, e lhes
sucede a mesma coisa: como morre um, assim morre o outro;
e todos têm o mesmo fôlego, e a vantagem dos homens sobre
os animais não é nenhuma, porque todos são vaidade. **20** Todos
vão para um lugar; todos foram feitos do pó, e todos voltarão ao
pó. **21** Quem sabe que o fôlego do homem vai para cima, e que
o fôlego dos animais vai para baixo da terra? **22** Assim que tenho
visto que não há coisa melhor do que alegrar-se o homem nas
suas obras, porque essa é a sua porção; pois quem o fará voltar
para ver o que será depois dele?

Eclesiastes 3:1-22

DECOLANDO

CURITIBA, ANOS 1990

É final de tarde no consultório do Geninho Thomé, meu ex-marido. Os meninos José Guilherme e João Alfredo estão na escola e preciso buscá-los. Apesar de muito trabalhar, meus filhos são prioridades e não deixo as ocupações me impedirem de ser uma mãe presente na vida deles.

Cumpro meus deveres como mãe, o que acho ser o papel de uma mãe e, para que isso aconteça, há noites em que durmo apenas duas horas. É o jeito para dar conta de tudo. Eles são tudo para mim. Por meus pequenos, movo montanhas. Às vezes me pergunto de onde tiro forças, às vezes canso, às vezes questiono por que teve que ser tudo tão difícil até aqui.

Dia desses, me revoltei com Deus! Cheguei em casa tão cansada e desesperada que fui lá, em frente a uma imagem dele, e o indaguei: "Por quê? Por quê?". Aquela pergunta quando estamos no minuto em que até a fé parece desaparecer. Imaginem o tamanho do meu cansaço! Logo eu que sempre andei o tempo todo de mãos dadas com Ele. Depois pedi perdão. Era exaustão. Sou constante, mas eu também canso.

Geninho quis me contar finalmente que topou fazer um curso para aprofundar seu interesse em um método revolucionário para melhorar a saúde dos pacientes da clínica. Eu falo para ele há mais de dez anos: "Doutor, os pacientes precisam de conforto e saúde".

Ele, com sua formação na Periodontia, pensava sempre em salvar os dentes. Eu, em dar uma nova vida às bocas! Insisti muito nisso. Até que ele topou! Lá vamos nós vender um carro, fazer empréstimos, mas vamos conseguir levá-lo aos Estados Unidos para aprender essa técnica de implantes. Guardo dentro de mim uma intuição forte em relação aos projetos que devemos tocar. Esse lado feminino é algo que sempre conta num casal que trabalha junto. Sempre fomos unidos nisso, e meu casamento passa pela administração da nossa vida profissional. E tem dado certo. Eu acho...

Não faz muito tempo que eu deixei de trabalhar na Brastemp para me dedicar ao nosso negócio. Somos pequenos, mas eu acompanho a parte administrativa de perto. Ele é o gênio criativo, eu sou a que ousa e que resolve empreender. Me jogo quando vejo que algo pode ser bom para nós.

Assim o convenci a viajar e a desenvolver seus estudos naquela que vai ser a grande chave de mudança radical nas nossas vidas. Ele está inseguro, sabe que dar pulos profissionais exige recursos financeiros e temos pouco. Eu sigo tentando de um jeito ou de outro fazer as coisas deslancharem. Para ajudar a termos mais entrada de dinheiro, montei uma loja na parte da frente da clínica. Minha paixão por moda e pelo bem-vestir já é antiga, lá dos tempos em que minha vó visitava minha mãe em Sapopema.

Na minha boutique, a JGuilhermons, ponho em prática meu interesse, e é minha a curadoria de peças que acredito serem essenciais para estar bem. Não sou dos modismos, quero dizer, não sigo a moda à risca, mas gosto muito do assunto.

Viajo para Minas Gerais, Rio, São Paulo e garimpo belas roupas. Tudo o que eu faço é para termos uma vida melhor! Como quero!!!

O ENCAIXE DO "LEGO"

DÉCADA DE 1980

Trabalhei com turismo, joias, finanças, jornais, limpei casa, fui vendedora. Sempre fui muito interessada, sem querer me fazer de a tal, a bacana, mas já me achando (risos). Numa dessas muitas andanças minhas pelo mercado de trabalho, fui para São Paulo fazer um curso. Eu acabara de conhecer meu ex-marido, o Geninho. Lá, entre muito estudo e concentração no meu trabalho na Brastemp, eu recebia longas chamadas dele todas as noites. Havíamos nos encontrado pouco antes de eu ter que viajar e ele, com medo de que eu arranjasse outro, utilizava a técnica de me prender pelo telefone. Ligava todas as noites e ali ficava eu presa, sem sair. Quando voltei, começamos a namorar.

Antes dele, tive algumas paixões, uma em especial, de quem eu gostava muito, mas ele não queria saber de fidelidade. Achava que podia comprar meu amor com presentes, que engano!!!

Nunca me deixei levar por aquilo que não fosse sentimento. As minhas coisas sempre comprei, inclusive no casamento, quando erguemos tudo juntos. Geninho era e é um homem altamente capacitado, o tipo de pessoa que não tem limites para aprender algo. Ele voa alto. E é altamente satisfatório estar ao lado de alguém que se entrega igual a você, acredita no que você diz e faz a sua parte para que os projetos se desenvolvam bem.

Sempre fui muito focada em ter o que era meu e essa história do "marido rico" para mim nunca colou. Mesmo que minha mãe tivesse o sonho de nos casarmos bem, ela nos passou valores maiores do que procurar grana numa relação. Procurei, sim, homens sólidos, trabalhadores e inteligentes.

Minhas paixões foram e são baseadas em sentimentos que envolvem admiração, afeto e, claro, a pegada, porque eu não sou de ferro. Ao contrário, sou bem afetuosa quando amo. Gosto de romance.

A VIDA ADULTA CHEGOU

DÉCADA DE 1970

Aos 17 anos, me apaixonei pela primeira vez. Calafrios na nuca, calor no ventre, suor no beijo na boca, aquele fogo quando as mãos dele passaram pela primeira vez na minha cintura. Naqueles anos, fui muito feliz com um grande amor pelo qual até hoje, se me lembro, sinto pontadas no peito e o coração formiga. Ah, o amor! Como dizem os poetas, que tanto o homenageiam. Como disse Drummond, "amar se aprende amando", e eu aprendi e aprendo amando e me doando muito. Só tem uma coisa: não traio e nem aceito traições.

Meu namorado era um paraquedista, um homem alto, forte, um atleta, coisa que nos uniu muito, pois eu também adorava esportes e com ele pude me aventurar por novas emoções. Ele era lindo, tinha a pele negra e era muito mais velho que eu. Não tive dúvidas de que ele era a pessoa que poderia chamar de meu namorado. Não me enganei. Nos anos em que ficamos juntos, fui muito feliz, me senti respeitada, amada e protegida. Mas, claro, as coisas terminam. Nesse caso, vivemos bem o tempo que tivemos juntos e enfrentamos juntos o peso do preconceito. Ali compreendi o racismo bem diante dos meus olhos. Por ele, deixei de ver parte da minha família, pois meu avô não aceitava a relação. Um dia, fui até a casa do vô e, ao chegar ao portão para nos receber, ao ver que meu namorado era negro, logo avisou que não aceitaria “um negro” na casa dele. Para mim foi triste, fiquei envergonhada, apavorada com aquela crueldade, mas quer saber? Nunca mais precisei visitar meu avô. Ali optei pelo amor.

Foi avassaladora a sensação de estar com um homem e amá-lo mesmo não sendo aceito pela família, mas você vai em frente, porque O AMOR é mais. E todas as nossas aparições em sociedade causavam um furor entre as pessoas: uma mulher clara, de olhos translúcidos, e um homem negro juntos, como assim? Dançávamos felizes nos bailes, passeávamos de mãos dadas, eu me sentia feliz naquele lugar, ao lado dele. Ele era tudo de bom, um companheiro exemplar. Hoje, olhando para trás, vejo claramente: foi um ato de coragem nosso. Nos amamos muito. E nutro apenas boas lembranças daquele tempo intenso.

Depois do meu primeiro amor, fiquei com outro rapaz que tinha, naquela época, uma excelente condição financeira. Durante um bom tempo, ficamos juntos para valer e eu, como sempre, assumi minhas atitudes. Nunca fui hipócrita nem traiçoeira. Se estava com ele, era só ele. Joguei limpo. Ele não.

Numa noite, meu noivo, digamos assim, saiu e eu fiquei em casa cuidando da mãe dele. Só que no outro dia, chegando ao trabalho, um colega correu para contar que meu “noivo” estava noivo de outra. Sim!!! O danado me deixou em casa cuidando da mãe dele e se jogou num baile com outra!

Mexeu em vespeiro feio.

Quem trai faz coisas bem piores e eu dei-lhe as “contas”, um corridão!

Ele ficou lá, numa ladainha e juras de amor e promessas de uma vida rica a seu lado. Sei bem que tipo de vida eu teria. Não sou essa mulher que será traída e ficará quieta. Eu sou livre, deixo livre, mas traição é coisa séria. Não brinque comigo. Caí fora, mesmo gostando dele.

E até hoje tenho essa sensação de que há amores que são eternos. Para mim, o amor maior é aquele em que você dá a liberdade ao outro para que possa viver na sua plenitude.

“GAMEI EM VOCÊ”

Continuei minha vida, até porque eu precisava trabalhar. Nunca pude parar para nada. Em meus momentos difíceis, não havia nada a fazer. Engolia a tristeza e continuava em frente.

Até que um dia fui a um aniversário e conheci Geninho.

Assim como eu, ele era filho de gente do campo, vinha do interior do Paraná. Um homem simples, de humor afiado, que rapidamente avisou que seria meu marido. Criativo, Geninho inventou uma história destrambelhada para tentar me seduzir.

“Gamei em você”, algo assim, e fantasiosamente disse que era fazendeiro, dono de terras no interior e não me lembro mais o quê.

Não me impressionou.

Acho que, na cabeça dele, eu poderia me encantar com a possibilidade de estar diante de um marido com a vida financeira estabelecida e assim seria mais fácil me deixar levar. Não foi bem assim. Não dei bola para aquilo. Não procurava um homem rico. Aliás, eu não procurava nada. Só queria viver, ganhar meu sustento, crescer na vida e, se desse, amar e ser amada, sem promessas e tampouco mentiras.

Não fui flechada à primeira vista por aquele homem alto, de traços finos e sorriso que me parecia sincero, familiar. Nossas vidas se cruzaram ali, naquela troca de passos e de uma paquera muito sutil da parte dele e nada acolhida de minha parte.

Pouco tempo depois, ainda nesse vaivém de tentativas, perdi um amor. Um rapaz por quem eu andava "arrastando asas", como se dizia antigamente. Quem lembra? "A fulana arrasta uma asa pelo sicrano!" Pois bem, meu príncipe encantado morreu subitamente em um acidente. Fiquei arrasada. Meus colegas ficaram preocupados com a minha tristeza no trabalho e um deles deu uma de cupido. Sabendo que o Geninho tinha uma queda por mim, deu a letra para ele. Foi aí que ele me ligou e me convidou para sair.

Aceitei.

Começamos a namorar.

CASEI!

CURITIBA, 1983

No dia em que nos casamos, eu estava radiante. Minha irmã Marina, a das mãos de fada e extremo talento, fez meu vestido com o maior amor do mundo. Ele era azul-claro, de saia plissada, levemente solto, pois eu estava grávida do meu primogênito, o José Guilherme. Sim, me casei grávida, o que naquela época era algo mais ou menos escandaloso, mas nunca liguei para isso, pois sempre soube dos meus princípios e a minha ligação com o Divino ultrapassa qualquer ordem da sociedade dos homens.

Meu casamento não foi como eu sonhava. Minha vida tinha sido de percalços até ali. Eu não era a mulher clássica. Eu era independente, trabalhava, era livre para fazer minhas escolhas e assim sempre as fiz. Mas claro que sonhei com a cerimônia, com o altar, com um marido lindo, apaixonado, com uma festa, quem na minha época não sonhava? Embora tudo tenha sido atravessado por dificuldades extremas na minha vida, amar, ser amada e constituir uma família eram para mim algo maior. Era como eu poderia e pude colocar em prática o que aprendi com meus pais.

Aquele foi um momento único na minha vida. Nossas famílias reunidas, poucas pessoas, umas 40 ao todo, o clima de festa, de alegria, eu radiante. Casei cheia de esperanças de construir minha família, de melhorar de vida. Éramos pessoas com poucos recursos naquela época. Eu trabalhava duro na Brastemp; Geninho, como cirurgião-dentista. Ele ainda não tinha decolado, dávamos duro para ter as coisas em casa, um apartamento ainda com hipoteca a ser paga. Já vivíamos juntos antes do casamento.

A comemoração aconteceu num restaurante italiano em Santa Felicidade, um lugar tradicional de Curitiba. Tinha muita comida, dança e bebidas. Grávida, eu aproveitei com cuidado aquele momento. Tudo era muito novo para mim e mal eu sabia que teria um grande desafio pela frente. Meu marido e eu começávamos ali uma história que mudaria o rumo da Odontologia no Brasil e no mundo, mas não sem antes termos dado muito suor e lágrimas.

Minha festa de casamento acabou e fomos dormir num hotel.

PRIMEIROS ANOS

1983-1990

Nossos primeiros anos de casados foram de muita luta. Ele trabalhando duro, eu também. José Guilherme dormia num pequeno bercinho, tudo era muito simples. As contas chegavam e eu corria para colocá-las em ordem.

Foram muitos os momentos duros juntos em 27 anos de casamento. Numa noite, eu ainda grávida do José Guilherme, meu sogro chegou ao nosso apartamento e me viu deitada num colchão no chão. Não tínhamos dinheiro para quase nada. Ele correu para comprar uma cama. Nunca me esqueço da bondade e do cuidado dele comigo. Era um homem bom. Quando pude, mais tarde, me ocupei dele também. Temos que saber que nossos papéis são variáveis e que é nosso dever cuidar de quem nos cuida e olhar os outros com olhos caridosos sempre.

Nos primeiros anos de casamento, ainda trabalhava na Brastemp, mas ajudava também na pequena clínica. Muitas vezes eu ficava até a meia-noite ajeitando as coisas, organizando a parte operacional de tudo e, com minha experiência em vendas, podia ter uma visão mais ampla do que poderia ser feito para ampliar os negócios. Ao meu ex-marido cabia a execução: ali tínhamos vidas humanas que precisavam ser atendidas com carinho e atenção. E assim fazíamos. Meus estudos em Psicologia, mesmo não sendo formada, me serviram muito! Eu tinha ouvidos e olhos para preparar os pacientes para os tratamentos, acalmá-los. Era reconfortante. Mais tarde, quando cursei Odontologia, levei minha experiência ainda mais a fundo. Queria que as pessoas saíssem do consultório bem. Esse sempre foi um dos meus maiores propósitos. O bem-estar de todos. O meu e o dos outros. Todos temos nossas famílias e amores (bem, infelizmente, quase todos, lembrando aqui dos abandonados).

Por isso, quando comecei a "fazer" a cabeça do Geninho de que ele tinha que fazer implantes, eu não tinha ideia de fazer uma fortuna com isso. Não pensei no dinheiro, e sim na melhoria do trabalho que fazíamos e no que já tínhamos adquirido.

EUREKA!

COMEÇO DA DÉCADA DE 1980

Voltávamos de uma viagem a Buenos Aires, já na busca de um método bom para fazer implantes, mas ele disse: “Este não vai dar certo”. Ele sabia, era ele o “cara”. Ele entendia o que podia dar certo. Foi o momento em que percebeu que havia um lugar onde a fonte de informações era altamente interessante. “Clemilda, tem um curso nos Estados Unidos e lá eles são bons.”

Partiu Geninho para Loma Linda, nos Estados Unidos!

Claro que, para isso acontecer, eu corri para penhorar minhas joias na Caixa, o famoso prego. Vendi tudo o que podíamos para ele poder viajar novamente.

Lá nos EUA, ao lado de um de seus mestres, Geninho pediu para ir a uma fábrica de implantes e ver como as coisas funcionavam. Ali, naquele momento, ele tinha na cabeça o seu método e ali nascia tudo. Foi o Eureka!

De lá, com o aprendizado e o conhecimento em mente, o doutor passou a dar cursos na clínica. Era importante mostrar o que ele havia aprendido. Era preciso que entendessem o que ele estava fazendo. E foi um pequeno grupo, de umas dez pessoas, que acreditou nele, no cientista, no louco...

“Dizem que sou louco por pensar assim... Mas louco é quem me diz/ E não é feliz... não é feliz... Eu sou feliz...”

Quando estava em Loma Linda, Geninho ganhou do seu professor um pedaço de titânio bruto. Aquilo foi algo extraordinário, a pedra fundamental para tudo realmente dar certo. Na volta ao Brasil, ele rapidamente foi em busca de um armeiro. Não era algo tão comum. Ninguém em Curitiba que pudesse executar o plano do doutor. Mas, sim, em Ponta Grossa tinha o Claudio. Foi perfeito. Não era na nossa cidade, mas perto, do lado. Tudo começou enfim a fazer sentido.

Nasciam aí os protótipos em titânio e os implantes estavam aptos para receber as próteses.

Plantamos, assim, o embrião da Neodent.

O NASCER DE UM "NOVO DENTE"

CURITIBA, 1992

A ideia de fazer um novo dente sempre teve um foco preciso: devolver o prazer do sorriso às pessoas, dar-lhes a possibilidade de ter uma vida melhor em sociedade.

Ao longo dos anos na clínica, seja como gestora ao lado do meu ex-marido, seja mais tarde como dentista, vi o quanto uma boa oclusão e um belo sorriso, e não só o tratamento para dores e resoluções de urgências, eram importantes. As pessoas precisam sorrir para serem felizes. Precisam ter confiança em si mesmas, e isso está amplamente ligado à boca, ou seja, os dentes em estado de aparecerem aos outros e a si mesmo diante de um espelho. O prazer de você se levantar, olhar-se e ver que está ali por inteiro, com um sorriso que pode acolher num momento de dor, de felicidade, de amor, o prazer de ter dentes que proporcionem degustar um bom prato de comida. É questão de saúde pública, é questão vital. Muito antes de se falar em aparência, o que também tem relevância, da questão do amor-próprio, existe o conforto da boca com o dente que mastiga, articula, fala. Tudo passa por ali.

Eu sempre tive essa obsessão: devolver, dar, proporcionar ao maior número de pessoas possível o prazer de uma dentição digna. Isso mesmo. Dignidade!

Ainda estávamos longe, mas já bem mais perto do que pensávamos, pois já tínhamos o produto, já sabíamos o que queríamos entregar aos nossos pacientes, aos colaboradores, ao mundo. Lembro que, quando eu estava na faculdade já cursando Odontologia, meus professores nos desacreditaram. Achavam loucura competir com as grandes multinacionais dos implantes. Era tanto jato de água fria, mas não liguei. Não ligamos. Estávamos cientes do produto que tínhamos em mãos e queríamos que o máximo de pessoas pudesse ter acesso a ele: para isso, era preciso que outros dentistas também aprendessem as técnicas e comprassem nossos materiais. Aí tinha outro embrião nascendo: a Ilapeo.

Ah, já contei por que o nome Neodent? Um novo dente, algo simples, funcional e que dure a vida toda. Sei que falam muito sobre como erguemos tudo, muitas histórias, mas a real é que eu "fiz" a cabeça do Geninho para se especializar em implantes. Eu era a mulher dele, a mãe dos filhos e a companheira que não abandonava o barco nunca. Sempre estive ao lado dele até o casamento acabar e cada um seguir o seu novo destino.

Depois do curso em Loma Linda, nos Estados Unidos, depois de já termos o titânio em mãos, compramos um torno que veio do Nordeste pelo valor de 12 mil reais. Contratamos um mecânico, que trabalhava nos fundos da nossa casa, e ali começamos! Então, se alguém contou que doutor Geninho montou uma pequena fábrica de fundo de quintal e que era sua esposa na época quem vendia o material em feiras em São Paulo, é tudo verdade!

Não tínhamos nada e erguemos um império, ou melhor: tínhamos muita garra, determinação, seriedade e não nos deixamos abater no primeiro fracasso. Não ligamos para os desapontamentos, não demos ouvidos a ninguém que quisesse dizer que não podíamos, pois sabíamos que podíamos e criamos algo revolucionário.

E quando a Neodent começou a crescer, tinha excelência. Geninho sabia o que estava fazendo. Tínhamos um produto inovador, conseguimos colocar um bom preço no mercado. Se um implante era algo caríssimo na época, algo como 2500 dólares, os nossos tinham valores bem mais baixos.

Começava aí a nossa escalada.

VOANDO

Depois que os implantes começaram a ser executados, as coisas na clínica evoluíram bem. Vivíamos ocupados com muito trabalho, precisávamos tratar de tudo para que tudo desse certo. Sabe a sua casa? O que você quer que ela seja para você? Um lugar seguro, cheio de energia boa, com paz. Esse era nosso ambiente. Éramos uma família.

Entre nós dois, acolhíamos os pacientes. Tínhamos imenso carinho por todos que ali estavam naquele grupo de trabalho. A confiança e o profissionalismo eram primordiais para nós. Sei que muita gente que nos conheceu naquela fase lembra como era nossa "vibe" de trabalho. Sempre vibrantes, sempre acreditando, sempre trabalhando muito.

No ano de 1993, abrimos oficialmente a Neodent com o mesmo compromisso de sempre. Havia muito a ser conquistado e eu não medi esforços para mostrar o produto que tínhamos em mão. Quero contar mais uma coisa aqui, antes que eu esqueça e essas memórias fiquem rasgadas pelo tempo e escapem. Mas só para você entender como tudo foi muito natural e até simples na nossa escalada, quero dizer que os processos foram *au fur et à mesure*, como dizem os franceses: ao mesmo tempo que as coisas iam acontecendo, íamos avançando, dando os novos passos, resolvendo o que tinha que ser resolvido e indo sempre em frente.

Um dia, ainda no tempo da minha boutique na frente da clínica, precisei fazer uma obra para trocar, se não me falha a memória, os ladrilhos que levavam até ela, pois estava tudo meio enjambrado. Numa parte, era uma clínica dentária; e na outra, uma loja. Havia também a parte do laboratório, enfim, vez ou outra algo tinha que ser adaptado! Nas minhas entradas e saídas e fiscalizadas no que estava sendo feito, prestei atenção num rapaz. A agilidade que ele tinha nas mãos me impressionou, por isso digo que o Divino anda de mãos dadas comigo, pois percebi aquele talento simplesmente vendo como ele trabalhava o cimento. Vi ali um craque!

"Geninho, vamos trazer esse moço para trabalhar com a gente."

Adércio começou a fazer um estágio, foi ficando, virou nosso protético e ali crescemos juntos. Hoje é um nome renomado internacionalmente. Seus filhos estudam em Harvard! Como eu soube que Adércio era também um gênio? Observação, confiança.

Mesmo que nos desacreditassem, nascia a Neodent.

Nós sabíamos que queríamos levar saúde às pessoas. Eu sabia que queria vencer, como soube a vida toda, por isso, até o curso de Odontologia que fiz, aos 37 anos, para entender melhor o que estávamos oferecendo aos pacientes, fiz com paixão. Não iria mais ser médica, mas cirurgiã-dentista, para ajudar meu marido na clínica, no nosso projeto dos implantes e no meu crescimento pessoal. Se a Medicina ficou para trás agora, ela havia sido um momento da minha vida. Foi minha porta de entrada para muitos sonhos na área médica.

Bom dizer que mudar também é algo necessário, pois temos nossa determinação em ser algo ou alguém, mas nossos caminhos são traçados de outras maneiras.

São os desígnios de Deus e eu os acato.

ODONTOLOGIA, PSICOLOGIA... A MULHER DOS "IA"

Realmente, o professor que jogou uma pá de cal lá no meu começo de vida profissional dizendo que mulher tinha que fazer coisas com "ia" acabou profetizando que eu seria dos "ia".

Tudo perfeito. Esse foi um dos caminhos que me levaram a me tornar a Cle Thomé que hoje está sentada aqui num lugar confortável, a Cle dona de uma *holding* com nove empresas. A Cle que continua trabalhando e construindo.

Gosto sempre de lembrar e de assinalar que, qualquer desafio que me seja dado, vou atrás de fazer o meu melhor, então fui unindo minhas forças e saberes para compor uma profissional que não tivesse defeitos, ou poucos, já que todos nós os temos e não estou aqui para dar uma de perfeita e dona de tudo. Sou apenas uma pessoa que valida suas qualidades e as dos outros, sempre procurando acalentar e deixar todos que estão por perto confiantes para dar seu melhor.

Quando me formei dentista e passei a clinicar, entendi que os pacientes precisavam também de apoio psicológico, aliás, eu já sabia disso. O terror de ir ao dentista existe e bloqueia muitas pessoas de terem suas vidas mais felizes. Certa vez, um paciente chegou ao consultório muito abatido. Seus dentes estavam em péssimo estado e, apesar de ele ser alguém que tinha condições financeiras de tratá-los, seu emocional não dava espaço para isso. Ele simplesmente não conseguia ir em frente. Começamos conversando, eu sempre dava um tempo para ele, ia fazendo o preparo inicial até ele receber os implantes que o doutor Geninho iria colocar.

Ao longo das sessões, ele foi se transformando, tomando confiança. Foi um processo bonito, era como se alguém novo aparecesse ali no lugar de um homem apavorado. Ao final, fez tudo o que tinha que ser feito. Saiu com uma dentição perfeita. Pronto para sorrir.

Anos mais tarde, quando nos encontramos, ele me confessou que eu havia mudado a vida dele: "Doutora, a senhora foi um anjo na minha vida".

Sinto tanto prazer em saber que minhas conquistas levaram vida e saúde às pessoas. Meu propósito valeu a pena.

Além dele, eu acabei consolando muitos pacientes antes do tratamento, mulheres com problemas familiares, sozinhas, tristes. Eu ouvia, fazia meu conhecimento em Psicologia entrar em ação. Não era algo premeditado. Era natural. Gosto de falar nas palestras que ministro que eu fazia algo que meu coração dizia para eu fazer. O que as pessoas querem? Ser ouvidas, sentir-se importantes, e eu sempre gostei de cuidar. Essa será sempre uma das minhas missões: cuidar, ouvir, abraçar, demonstrar afeto nas relações.

Com a Neodent existindo, comecei a participar de feiras em São Paulo. Queria que conhecessem nosso projeto. Éramos eu e uma colaboradora em um pequeno estande de 50 × 50 metros em meio às maiores do mundo na área dos implantes. Eu chamava as pessoas e mostrava o nosso produto, oferecia a elas para que experimentassem. As técnicas de vendas aprendidas nos 12 anos de Brastemp foram essenciais para eu aplicar no meu negócio. Tudo se encaixa!

A Neodent hoje está em 87 países e é a empresa número um do mundo em implantes dentários. Mesmo que não sejamos mais proprietários, ela realiza o nosso sonho de levar ao mundo saúde às pessoas.

Nosso propósito vingou.

Demos lindos frutos ao mundo.

Entregamos algo que transforma para melhor.

Coisa bonita de se lembrar!!

BRASIL

1990-1992

Esses anos foram novamente duros. Antes mesmo de termos conseguido alavancar a empresa, passamos por mais uma: o Plano Collor e o confisco das poupanças. Um baque e tanto para nós, que estávamos crescendo. E lá se foi todo o nosso dinheiro. Ficou tudo bloqueado. Eu, que sempre paguei as contas em dia e detesto atrasar o que quer que seja, fiquei completamente desacorçoada. Era um tal de contas vencendo, um desespero! Minha educação e minha formação sempre exigiram máxima pontualidade com meus compromissos, e sofri muito por ver que meus sonhos estavam ameaçados.

Novamente, quase passei fome. Eu não sabia se iria conseguir colocar a comida na mesa, agora para minha família, a que eu estava construindo com tanto amor. Sempre falo que eu sei o que as pessoas dizem quando se queixam de fome. Uma sensação que, mesmo que você tenha superado, fica ali gravada na memória, no corpo, nas emoções. Por isso é coisa tão séria garantir comida às pessoas. Ao longo de minha vida e em viagens, tenho presenciado cenas que não são só luxo, mas uma infinidade de gente passando fome, no Brasil e em muitos lugares do mundo.

Não estou insensível, nem desinformada. Ao contrário, lido e lidamos nas nossas empresas com pessoas, e a realidade não pode ficar de fora de nossas estratégias. Mas, vendo as pessoas nas ruas, dormindo ao ar livre, sempre me pergunto: quem elas seriam se tivessem outra condição? Às vezes as portas se fecham. Às vezes o acaso se faz duro. Às vezes temos que viver mais uma provação. E foi isso que aconteceu conosco naquela época. Passamos por mais uma.

O confisco nos deixou literalmente bloqueados. Chegamos a ficar sem comida em casa, algo que não era novo para mim, já que na infância a comida era escassa, mas comíamos. Isso me lembrou de um momento difícil do começo do meu casamento, anos atrás, ainda grávida. Geninho teve um problema de saúde e ficou internado. Fiquei dois dias sem ter o que comer e só comi porque minhas irmãs foram me visitar e viram a situação.

Na época do Collor foi diferente. Nossos pacientes nos levavam ajuda, mantimentos, e assim conseguimos continuar trabalhando e nos erguemos finalmente! Nunca tive problemas em receber ajuda, assim como nunca tive em ajudar. Geninho tinha uma irmã, freira superiora no Hospital Nossa Senhora das Graças, que nos ajudava muito também. Irmã Lourdes foi muito boa comigo. Devo muito a ela. Era uma pessoa generosa, com aquele brilho da bondade nos olhos. Emocionante encontrar pessoas assim e tê-las por perto. Minha cunhada era um farol de bondade.

E a vida é assim: uma corrente do bem que se forma entre pessoas que ajudam umas às outras! Para que isso aconteça, é preciso ter humildade, saber reconhecer que precisa de ajuda e aceitar de coração o que vem d'Ele.

Eu aceitei.

Tenho pensamentos que,
se pudesse revelá-los e fazê-los
viver, acrescentariam nova
luminosidade às estrelas,
nova beleza ao mundo e maior
amor ao coração dos homens.

Fernando Pessoa

Renda-se, como eu me rendi.
Mergulhe no que você não
conhece como eu mergulhei.
Não se preocupe em entender,
viver ultrapassa qualquer
entendimento.

Clarice Lispector

A VIDA DE FREI BONIFÁCIO

DÉCADA DE 1990 ATÉ 2012

Abro este capítulo com duas frases que mexem comigo. Que força têm os artistas em demonstrar sentimentos comuns!

A vida é tão perfeita e tão simples. Até aqui, tenho contado a você a minha exatamente como ela é. Com seus milagres divinos, com suas pegadinhas para testar a nossa fé no Senhor. Acredito tanto em Deus que esses dias me perguntaram o que mais gosto de fazer na vida e eu simplesmente respondi: falar com Deus, rezar, ficar de mãos dadas com Ele!

"Mas Cle, você, com tantas posses, escolhe falar com Deus entre todas as possibilidades de aproveitar seu tempo livre?"

Sim, escolho. Conquistei e conquisto muito ainda na minha vida, mas sem Deus eu nada seria, sem amor tampouco. É bíblico.

Queria lembrá-lo disso antes de continuarmos.

Queria lembrar também a importância que teve o Frei Bonifácio na minha vida. Que mestre ele foi para mim!

Nascido Frei Bonifácio de Santa Maria delle Vittorie, na Itália, em 1928, imigrou para o Brasil já padre capuchinho. Sabe aqueles que usam hábitos marrons com capuz? Em Curitiba, chegou em 1983 e eu o conheci, pois eu ia sempre à igreja onde ele estava alocado. Muitas lembranças boas daquele homem de barbas longas que benzia os carros e que muitos só conheceram de vista. Eu não. Nós tínhamos a clínica ao lado da igreja da

Manoel Ribas, e ele passou a ser um dos meus guias espirituais, com quem eu podia me aconselhar ao vivo e em cores.

Vou contar uma passagem desse homem que me ensinou também o motivo de ele não sofrer por ficar longe das pessoas que amava, já que fez uma vida de missionário: "Compreendi que não devia me apegar aos lugares ou às pessoas, porque quem faz tudo é Deus", dizia.

Frei Bonifácio é um santo!

Ele só tinha duas roupas. Uma vez eu trouxe de Londres uma blusa de *cashmere* azul para presenteá-lo, achando que ele ia adorar! Que bobinha eu. Ele me disse: "Clemilda, eu já tenho tudo, eu não preciso, dê para alguém que precise".

Frei Bonifácio tinha voto de pobreza. Era uma pessoa com dom. Temos que aprender com pessoas assim, com a trajetória desses santos que pregaram a humildade na Terra. Não precisamos viver na clausura para buscar a simplicidade, mas podemos aprender a ajudar os outros, a usar o dom da bondade que eles nos ensinam.

E com o Frei aprendi a colocar a tampa no buraco que a gente tem no peito, um vazio que só se fecha no caminho da fé, da bondade e da simplicidade. Veja bem! Não estou falando aqui em voto de pobreza, pois vivo uma vida rica, mas falo em vida rica emocional, a que o dinheiro nunca comprou. O equilíbrio é essencial para quem vem de lugares de pobreza como eu e faz a transição para a fortuna financeira.

Se eu não fosse uma mulher de fé, talvez tivesse me perdido. Mas não, guardo o pensamento de que aqui estamos para cumprir missões, e uma das minhas é passar conhecimento e falar que, sim, a simplicidade é uma virtude que deve ser mantida mesmo com acesso ao luxo extremo, tema de um dos capítulos que virão a seguir neste livro.

UMA LINDA HISTÓRIA

CURITIBA, 2023

Em 2023, a Neodent completou 30 anos! Mesmo já não sendo mais proprietários, fomos homenageados. Vesti-me toda de branco para isso. Gosto de branco, me sinto purificada com ele. Minha relação com ele vem do meu amor pela Medicina, Odontologia, pela saúde das pessoas e pela paz, ah, a paz!!!

Nossa cria, a Neodent, voou para o mundo: daqueles dias incertos do bloco de titânio, da minha passagem pelo curso de Odontologia, das noites sem dormir, da especialização em Odontologia Cosmética e Estética e Implantes, do trabalho no atendimento de crianças, para os dias de uma empresa internacional, número um do mundo em implantes dentários. Cruzamos muitos mares, atravessamos diversas pontes e ajudamos muitas famílias a sorrir, a abraçar seus amores, seus filhos, a se olharem no espelho. Foi tudo tão glorioso que só Deus mesmo poderia ter feito tanto. Frei Bonifácio tinha razão. É sempre Deus.

A empresa, criada com o nosso suor e nosso amor, teve todas as suas etapas vividas por nós com sucesso. Desde a criação, quando ainda engatinhávamos, fui a pessoa que coordenou as equipes, que contratou sempre os melhores para nos acompanhar, que os incentivou fazendo treinamentos depois do expediente, que lutou para criar a Ilapeo, mesmo meu ex-

-marido, cansado do trabalho exaustivo que o cabia, achando desnecessário. Lutei muito para que crescêssemos consistentes.

E assim se fez. Conseguimos. Foi linda a homenagem. Voltei para casa com o peito cheio de satisfação. Nenhuma palavra pode definir essa sensação. Nada. As placas ficam para mostrar ao mundo o legado. As obras modificam a vida das pessoas, são eternas.

Aí mora a nossa eternidade, por isso não parei de trabalhar e nem de querer aprender mais.

ILAPEO, O LEGADO

CURITIBA, 2004

Começamos o ano com o projeto de fundar a nossa universidade.

Geninho já estava "pequeno" nos cursos da clínica e eu sempre sonhei com a educação como uma das bases dos meus negócios. De que adianta ter muito se não compartilho? A educação é a base, assim como a alimentação. Sabemos que não é possível pensar com fome. Nem aqui no nosso gigantesco e rico Brasil, com tanta terra e tantos frutos maravilhosos, nem em qualquer lugar do mundo.

Tenho me sentido viva, mais viva ainda com a perspectiva de lançar esse projeto. Mais um! A Ilapeo é o nosso Instituto de Pesquisa e Ensino Odontológico e vamos entregá-lo ao mundo para preparar profissionais para usar nossos implantes criados na Neodent.

A preparação é a base de tudo. E o estudo? Ah! Um sonho podermos ensinar as técnicas certas! De nada adiantaria vendermos e faturarmos com um produto maravilhoso que não pudesse ser bem utilizado. Não! Queremos que todos tenham o melhor resultado. A cadeia toda. É assim que se faz saúde, alegria, que se levam bons sorrisos a serem felizes pelo mundo. Só não posso dizer que sou uma grande sonhadora, porque tenho realizado meus sonhos, então sou uma realizadora!

Com a Ilapeo, nossos estudantes vão saber de tudo. Vamos levá-los à fábrica, eles vão conhecer todo o processo. Um implante tem muitas etapas e nós queremos que o nosso seja o melhor do mundo. Como? Expandindo sua existência. Isso mesmo. Todos vão ganhar.

O LEGADO PERMANECE

CURITIBA, 2023

Hoje a Ilapeo tem mestrado e o primeiro doutorado profissional em Odontologia do Brasil. Chegamos lá! Somos um lugar famoso. Do outro lado do mundo, quando se fala em Odontologia, temos reconhecimento. Imaginem isso? De Curitiba para o infinito, pois quando não estivermos aqui o legado irá nos representar. Não fomos em vão.

Nossa maior vitória foi continuar participando da melhoria da saúde e da vida das pessoas. Mesmo sem ter mais a Neodent, mantivemos um lugar com doze doutores atuando como flechas! Além disso, temos alunos do mundo inteiro. Isso também é excelência.

Tenho muito orgulho disso. Fizemos dinheiro? Fizemos, mas muito mais do que isso: entregamos algo de bom, que contribui para a saúde das pessoas em muitos cantos deste mundão.

BRASIL ENTRETEMPOS, CONTRATEMPOS, NOVOS TEMPOS. SOBRE GERMINAR E NASCER

2008-2012-2014

Nosso casamento acabou quando estávamos no auge. Não tenho vontade de falar muito desse momento. Vendemos a Neodent numa operação financeira da qual participei ativamente. Foram duas tentativas e na primeira fui eu quem desisti. Nossa empresa foi erguida em conjunto e vendida em conjunto. Sempre participei de tudo e isso mantivemos até o fim. Até hoje ainda temos alguns negócios juntos, mas deixemos isso para lá.

Este livro é para contar a trajetória da Cle, a menina que sonhou, espantou passarinhos para poder comprar balas, chorou ao ficar longe da mãe aos 7 anos, partiu aos 10 para nunca mais voltar ao lar materno, trabalhou e trabalhou até cansar e mesmo assim continuou trabalhando e continua incessantemente sua missão.

Antes de chegar ao momento da venda, a Neodent já estava em Portugal. Depois de oito anos, havíamos passado dos 400 colaboradores. Éramos grandes, enormes, e chegamos ao que muitos chamam de bater no teto. O crescimento demandaria muito mais trabalho e resolvemos vender. Talvez hoje eu não vendesse mais. Na primeira tentativa de venda, na última hora, num rompante, desisti da venda, mesmo indo contra a vontade do doutor.

O grande dia estava chegando. O nosso auge não tinha sido de um momento para outro. Batalhamos muito por tudo. Como uma planta que você coloca desde a semente na terra, rega, aduba, corta, troca de vaso, de terra, rega de novo, vai aumentando, foi assim a Neodent. De um embrião, ela nasceu, aliás todas as minhas empresas falam de embrião ou têm algo referente ao germinar, ao gestar. Seja na logomarca, seja no nome, faço questão de dar esse sentido ao que faço, fizemos e hoje, com meus filhos, fazemos e faremos.

Nada é por acaso: é com amor, com luta, com pensamentos, com fé. Então, mesmo estando diante de 40 homens de negócios, sendo a única mulher, decidi na hora não vender.

Geninho não entendeu nada: "Como assim?".

A proposta para vender era de 400 milhões de reais, algo gigantesco, mas para mim ainda não era a hora, valia mais.

Na noite anterior, senti aquela vibração no peito. Algo me dizia que não estávamos ainda maduros para soltar nossa empresa, nossa Neodent. Era muito dinheiro, eu sabia, mas para mim ainda não era o que eu tinha certeza de que ela valia, pois ali havia amor, dedicação, nada era por acaso, tudo tinha um princípio, tudo tinha a mão de Deus. Eu sabia.

Na hora de assinar, fui categórica, foi mais forte que eu: "Não vendo!".

Geninho ficou indignado. Deixei claro que poderia fazer o que quisesse com os 50% dele! E assim, mesmo ele me interpelando se eu tinha noção do que eram 400 milhões, não cedi. Não estávamos no meu preço, não ainda. Não era chegada a hora. Eu saberia quando. E soube.

Soube também que o casamento havia acabado. Não vou entrar em detalhes, por respeito a nossos filhos, netos e, antes de tudo, a nós mesmos. Tudo tem seu tempo, tudo passa conforme tem que ser. Não tenho medo algum de colocar meus sentimentos aqui, mas julgo que, quando falamos de outras pessoas, aí os nossos desejos devem entrar em acordo com os delas.

FIZ FORTUNA

Criar meus filhos, ajudar minha família, deixar um legado, tudo isso, de uma certa forma e com uma visão ampla do que eu havia planejado na vida, já havia conquistado. Havíamos. Dos tempos em que lutávamos para vencer as dificuldades, nada restou: era hora de cada um ir para seu lado.

Talvez hoje fizesse tudo diferente, talvez não tivesse me separado, mas o tal talvez não é nada. O que existe é o que vivemos e então não volto atrás. Existem muitas especulações sobre nossa vida privada. Eu digo que não sou uma pessoa que precise que os outros aprovem o que eu faço. Só preciso da certeza de que o que faço não faz mal aos outros, por isso vivo do jeito que quero e com quem eu quero.

Assim, quando o casamento acabou, depois de 27 anos de convivência, resolvi ser livre por um tempo e comecei a viajar com minha sobrinha Karina, com minhas amigas e, claro, namorar, mas essa decisão não era uma obsessão para mim. Deixei rolar novos encontros, me diverti muito com amigos em Ibiza, Jurerê.

Fui aos poucos, sem ir muito a fundo. O mundo é perigoso e eu, com tudo o que conquistei, sabia e sei que tenho que tomar cuidado para não me machucar. Boba eu não sou.

Num dos momentos importantes da minha vida: o dia em que a Neodent comemorou 30 anos e fui homenageada.

Me sentindo grata!

Palestrando! Amo dar palestras,
amo compartilhar meu conhecimento.

Quando acabo de falar, sei que foi
o Espírito Santo quem me guiou.

Me sentindo honrada ao ser condecorada
como Cidadã Emérita do Paraná.

Claro que eu amei falar no dia
da minha condecoração.

Momentos de uma das muitas palestras em São Paulo,
sempre me sentindo guiada.

UM NOVO COMEÇO

CURITIBA, 2022

Nos últimos anos, desde que encontrei Mamá e me casei com ele, abri minha cabeça para o amor e, junto com Mamá, tenho me aventurado por novos aprendizados.

Uma união é 50/50. Dei a ele um pedaço da minha vida, do meu universo, das coisas de que gosto e que prezo fazer e ele me ofereceu seus interesses e seu mundo, de um homem do Nordeste (ele é baiano), uma outra energia, mais vibrante, uma maneira diferente de abraçar a vida, e assim nos abraçamos.

Me entreguei a esse amor talvez como nunca tenha feito antes. Na maturidade, aos quase 70 anos, me permiti ser feliz novamente, não como na minha adolescência, apesar de ter minha menina bem viva dentro de mim, mas hoje como uma mulher que sabe o real valor de um amor que precisa ser nutrido para germinar. E assim tem sido. Germinamos. Com ele me divirto, me vejo como alguém que pode contribuir, quero que ele se desenvolva como pessoa. O mesmo dele para comigo. Temos uma relação madura e livre. Ele faz os projetos dele; e eu, os meus e, claro, algumas coisas fazemos juntos, mas no geral temos negócios separados. Acho saudável.

Foi com ele que comecei a fazer cursos. Não que eu precisasse procurar coisas para fazer, mas porque eu quis me colocar numa outra margem das coisas. Assim como durante a minha vida toda quis aprender, por que não agora ao lado de uma pessoa incrível? Mais uma vez, assumo minhas vontades e não tenho arrependimento algum de ter aberto a porta da minha vida para ele. Ah, como eu precisava!

Foram importantíssimos esses anos da minha vida. Como cresci! Tenho conhecido gente interessantíssima, pessoas que se desafiam, que incentivam os outros a ir em busca de uma vida melhor, o que cabe perfeitamente na minha essência de querer compartilhar. Essas trocas têm sido geniais para mim.

Ao lado do Mamá, tenho participado mais ativamente de treinamentos para realizar ainda mais. Fizemos cursos com Tony Robbins, Paulo Vieira, Karina Peloi e Wendell Carvalho, aliás foi com eles que tive o impulso para escrever este livro. Era importante que eu deixasse esse bilhetinho aqui. Para recordar sempre que é bom ver a vida sob outros ângulos. É bom aprender e se conhecer.

Até conhecer o Mamá, passei por alguns relacionamentos, um namoro mais longo e alguns encontros. Ele mesmo me mandava mensagens durante muito tempo. Foram seis anos de tentativas, ainda do tempo do Orkut, até que um dia cheguei a Curitiba de uma viagem pela Europa e ele me pegou de jeito. Não sem antes eu investigar quem era aquele homem tão lindo e atraente que insistia em tomar um "café" comigo para me apresentar um projeto. Fui ver qual era a dele, marcamos um encontro num shopping, contratei dois seguranças para me sentir segura. Antes disso, ele me mandou uma foto e quando eu vi, pensei: "Que homem lindo!!! Acho que pode ser meu marido" (risos).

Desde então, estamos juntos. Me apaixonei de uma maneira madura. Com ele vivo experiências baseadas no companheirismo, como fazer esportes juntos, viagens nas quais andamos horas pelas ruas simplesmente olhando a vida acontecer, indo ver um jogo de *rugby* nos arredores de Paris, um entardecer na Puglia, coisas que são simples, em lugares maravilhosos, mas não é só isso não. Ele me completa.

E mais não conto.

Gosto de deixar o mistério roer a cabeça dos curiosos, pois sei que existem...

PEQUENO ATO DE REBELDIA FASHION: *MITAINES*

Já até perdi as contas de quantas vezes me perguntaram por que eu uso as *mitaines*! Sabe o que são? Essas luvinhas sem os dedos! *Mitaines* é como elas são chamadas em francês. Eu as uso há muito tempo, vamos dizer há uns 23 anos, mais ou menos isso, porque a essa altura do campeonato perdi a conta também, e não vivo sem. Só tiro para tomar banho e jogar *beach tennis*. Isso para dizer que uso mesmo, não é para fazer estilo ou só para isso. Me sinto bem com elas, igual quando a gente coloca um brinco, um colar, passa um perfume... eu coloco as minhas *mitaines*!

Resolvi começar a usá-las porque lembram minha avó, uma mulher elegante que, quando se arrumava para sair de casa, sempre estava com um belo par vestindo suas belas mãos, assim também como o *fascinator*, uma palavra que não existe em francês e nem em português e que não é um chapéu, mas um adorno de cabeça que antigamente as mulheres usavam e que as inglesas usam muito e eu também uso às vezes. Mas o que não tiro mesmo são minhas *mitaines*.

Tenho centenas delas, bom nem contar! Porque não economizo mesmo quando as encontro em uma loja, coisa que não é muito comum, mas em Paris tem sempre um cantinho novo e eu adoro. Minhas amigas que moram lá já sabem e sempre me contam os segredinhos das locais, afinal não vivo na cidade, mas tenho lá meu *pied à terre* (risos).

AINDA SOBRE AS *MITAINES* (ACREDITEM, VALE A PENA!)

PARIS, 2019

> *É um pequeno ato de rebeldia para uma mulher que sempre teve que andar na linha das coisas, uma extravagância a que eu me permito e que me diverte muito. Intimamente sei que não tem mistério algum na maneira como eu gosto de ser vista pelos outros, nenhum mesmo. É só uma brincadeirinha que aquela pequena Cle guarda dentro de mim bem viva e com os olhos alegres e cheios de amor por coisas belas.*

Em um final de tarde de verão, eu e uma amiga havíamos passado algumas horas andando por Paris em busca de lojas que vendessem *mitaines*. Numa delas, fiz meu *strike* da estação, já adiantando modelos para meu verão.

Sim, não as tiro nem quando o sol racha!

Estilo é estilo e eu faço questão de manter o meu. Além do mais, me divirto com isso e adoro ver a curiosidade no rosto das pessoas. Muitos acham que eu devo ter algo nas mãos. Pois bem, não tenho nem manchas de idade, e louças já lavei muitas, mas faz tempo que não passo perto de uma pia. Quando conheci o Mamá, ele logo perguntou por que eu as usava. "Porque eu gosto!". É bem simples e ponto-final. Por que as pessoas ficam tão curiosas?

Voltando para aquela tarde em Paris, só para contar um dos muitos momentos engraçados com as minhas *mitaines*.

Depois de andarmos muito, eu já estava cansada e propus que comêssemos perto de casa, assim eu poderia deixar minha sacola com meu *strike* de *mitaines* no apartamento e descer sem precisar trocar de roupa para o jantar, coisa que em Paris é absolutamente normal para os moradores locais. Sem ter que se emperiquitar toda. O *dress code* deles é bem mais livre, apesar de muita gente achar que os franceses têm muitas frescuras. Até podem ter (e têm) em alguns lugares, mas, no dia a dia e dependendo da ocasião, o que vale é um *look* que não seja muito esportivo e a boa educação de não falar alto, dizer bom dia, por favor e obrigada, não é complicado, não é mesmo? Aliás, os parisienses não andam nunca muito arrumados nem desarrumados. Há uma classe neles que eu admiro, um não excesso, um jeito, um *savoir-faire*.

Fomos então ao Stresa, um restaurante italiano famoso por receber pessoas importantes, como ministros, empresários, atrizes, gente do meio da moda, *business*, um pouco de tudo. É um lugar relativamente simples, tradicional e que, dizem, fervia Paris na década de 1980. Eu adoro! Fica a uns 200 metros de casa e posso ir com uma amiga para bater um papo, comer um *spaghetti* à bolonhesa e passar um momento agradável.

Ali, sentada, vi que um grupo de americanas e americanos nos olhava. Eles estavam na mesa atrás da nossa e faziam muito barulho. Eles pediram desculpas algumas vezes, pois não é necessário estar em Paris para saber que dividir espaços públicos requer uma certa elegância, mas ok, eles estavam se divertindo e nós não estávamos numa de rabugices. Sinceramente, não nos incomodaram.

Na hora que levantaram para ir embora, as mulheres da mesa (eram quatro) vieram todas nos cumprimentar. Falaram que eram da Filadélfia e que haviam comentado muitas vezes por que eu estaria usando as *mitaines*! Fiz uma cara de *blasé*, eu gosto, mas pensei que até para elas, todas vestidas extravagantemente, minhas simples *mitaines* foram motivo de curiosidade. Algo tão pequeno, um detalhe que muda tudo nos meus *looks* e sobre as quais as pessoas inventam histórias a respeito do real motivo de eu usá-las!

Cara, eu gosto de ter meu estilo! Meu amor por moda é algo antigo, então, agora que tenho condições de ter bem mais que um vestido de chita, eu realmente me divirto usando o que gosto. Minhas luvinhas, *mitaines* em francês, fazem parte da minha paixão pelo universo da beleza. Foi isso que expliquei para as americanas, que foram embora com cara de espanto. Eu rio! Me deixem com minhas *mitaines*. Me sinto bem com elas, sem elas me acho estranha. Me acostumei mesmo. Acho um charme e incentivo amigas a usar. Não acho que só eu fique bem, acho que todo mundo fica. Experimentem.

PARIS, SÃO PAULO, NOVA IORQUE, DUBAI, LONDRES, POR TODA PARTE... É *HIGH SOCIETY* E *COUTURE*

Agora que eu já contei como saí de uma realidade dura, dormindo de cara para uma porta de banheiro e pegando ônibus para economizar dinheiro no almoço e cheguei a ser uma empresária muito bem-sucedida num país onde as mulheres são colocadas na fila dos "ia", vou adentrar na minha fase de vida em sociedade.

Depois que eu fiz fortuna, claro que muitas portas se abriram para mim, aliás, todas, isso há que ser dito e eu seria hipócrita se não falasse. E, como dizem por aí, eu sei quem sou na fila do pão, já que pão é algo em que nos especializamos na Bee. O, uma das empresas da minha *holding*. Acho que ainda não contei que ela se chama DSS.

Pois bem, quando me separei, precisei reorganizar minha estrutura, dessa vez sozinha, mesmo sem eu saber. Numa conversa com um dos meus advogados, ele perguntou que nome eu queria dar ao meu conglomerado de empresas. Eu respondi que iria conversar com o Divino Espírito Santo e assim nasceu a derivação DSS, pela qual tenho muita alegria.

Mas voltando ao assunto da sociedade, já afortunada também nas finanças, passei a viajar para aprender mais coisas, aumentar minha cultura e seguir crescendo na vida, de uma maneira que só atravessando outras culturas se pode ter.

Tive muitas experiências e uma delas foi morar em Londres depois que me separei. Fui para aprender a língua e também precisava dar um tempo da separação. Era preciso sair de Curitiba, onde sou alvo de muitas especulações. Sabe, já sofri muitos desaforos depois que comecei a frequentar a sociedade. Eu nem sempre dou bola. Mas é assim, parece que, de um dia para outro (isso na cabeça deles), apareci rica e nos mesmos lugares que eles e ao lado de pessoas que gostavam e gostam de mim. Tenho um amigo colunista que me carregava para as festas, o Nemécio Muller. Ele me apresentou muita gente. Foi uma introdução.

Antes deles, antes de tudo acontecer, digamos assim, conheci muito bem o dr. Miguel Krigsner, ele trabalhando em uma botica indo e vindo de suas viagens; eu, igualmente funcionária de uma loja na época. Nos encontrávamos sempre e ele me aconselhava muito, conversávamos e posso dizer que foi um mentor. Mais tarde, Miguel se tornaria o fundador da empresa O Boticário, e eu, bem, eu estou aqui contando para você meu caminho.

E tenho tanto que falar do meu grande amigo, um irmão de coração, alguém que aprecio muito e é também meu arquiteto, o Jayme Bernardo, que sempre colaborou muito comigo nessa parte de adentrar novos locais, exposições de arte. Ele entendeu cedo o que eu gosto de conhecer. Gosto de coisas com histórias e que me conectem com a minha essência. Assim, minhas casas, como eu já contei aqui, são todas com meu jeito. Meus projetos têm que ter minha assinatura. Não curto entrar num lugar que é meu e pensar "Cara, isso aqui não sou eu". Gosto de pensar "Cara, esse lugar aqui sou eu!". Tenho até poucas excentricidades para o que eu poderia me permitir. É bom eu continuar com alguns hábitos simples, porque tudo o que eu construí sempre foi pensando em simplicidade: comida, saúde, educação. Pilares do meu sucesso empresarial.

Mas vamos em frente que eu tenho muitas coisas para dividir com você e sei que dessa parte, particularmente, você vai gostar.

Um dia, fui chamada por uma grande mulher, uma representante da sociedade curitibana. Ela me queria como parceira. Ela acreditou que eu seria a pessoa certa para ajudá-la em projetos assistenciais, algo que sempre gostei de fazer e, sem falsa modéstia, sempre executei bem.

Mas, eis que estou numa festa, convidada da dona Lourete Tacla, a poderosa e encantadora curitibana a quem ninguém ousava dizer nada. Lourete era uma mulher grande, sempre muito bem arrumada, com os cabelos avermelhados armados com laquê, o que conferia a ela um toque de extravagância contrastante com o sorriso amável e os olhos de bondade. Lourete olhava todos no fundo dos olhos, algo que eu sempre identifiquei como uma qualidade, principalmente em reuniões sociais às quais muita gente vai para ser vista e mostrar joias. Ah, ela tinha lindas joias. Lembro que eu sempre fiquei admirada como ela as usava em qualquer momento com grande leveza!

Nós já trabalhávamos juntas e, assim que eu chego sozinha na tal festa, ela logo me chamou para sentar ao seu lado. Era uma honra para mim, que até alguns anos atrás era uma secretária de redação do jornal mais conhecido do Paraná e que muita gente nem sabia de onde vinha, estar ali ao lado da poderosa dama da sociedade curitibana.

Foi aí mesmo que o "bicho" pegou. Sentei-me ao lado de Lourete e logo chegou uma outra pessoa e me perguntou de que "buraco" eu havia saído! Eu, simples e sem querer conflitos, me levantei para dar meu lugar, sair daquele ambiente, mas dona

Lourete não deixou barato: "A Clemilda vai ficar aqui do meu lado", e assim foi naquele dia e por muitos anos. Desenvolvemos uma relação de admiração. Eu não era alguém de sobrenome de gente rica, de família medalhão, mas eu havia conquistado cada pedaço do chão em que pisava, e dona Lourete foi uma das pessoas que me abraçou na sociedade tradicional curitibana.

Eu nunca liguei para esse tipo de coisa, como ser maltratada, pois eu sempre achei que quem perdia era quem fazia mal ao outro. Acabei ficando conhecida de todas e hoje, claro, sou *persona* bem quista em todos os lugares. Sei o que represento e não tenho mágoas, apesar de saber quem são as pessoas que gostam realmente de mim e saber exatamente quem eu quero perto de mim.

Depois de passada essa fase na qual adentrei na sociedade, hoje tenho muitas amizades legais nas mais diversas áreas. Como circulo muito e sou frequentemente convidada para participar de eventos, dar palestras ou ir a instituições de caridade, acabo conhecendo pessoas muito interessantes, algumas das quais viraram amigas pessoais. Gente que não é só encontro de festas, viraram amigos. São personalidades brilhantes em diferentes áreas, artistas, escritores, atletas, gente que realiza muito e alguns que, como eu, escalaram arranha-céus para alcançar um lugar ao sol. Tenho alegria em saber que existe também muita generosidade na Terra. Só não cito os nomes aqui porque teria que escrever um livro gigante!

A amizade é uma forma maravilhosa de amor.

1 Ainda que eu falasse as línguas dos homens e dos anjos, e não
tivesse amor, seria como o metal que soa ou como o sino que
tine. 2 E ainda que tivesse o dom de profecia, e conhecesse
todos os mistérios e toda a ciência, e ainda que tivesse toda a fé,
de maneira tal que transportasse os montes, e não tivesse amor,
nada seria. 3 E ainda que distribuísse toda a minha fortuna para
sustento dos pobres, e ainda que entregasse o meu corpo para ser
queimado, e não tivesse amor, nada disso me aproveitaria. 4 O
amor é sofredor, é benigno; o amor não é invejoso; o amor não
trata com leviandade, não se ensoberbece. 5 Não se porta com
indecência, não busca os seus interesses, não se irrita, não sus-
peita mal; 6 Não folga com a injustiça, mas folga com a verdade;
7 Tudo sofre, tudo crê, tudo espera, tudo suporta. 8 O amor
nunca falha; mas havendo profecias, serão aniquiladas; havendo
línguas, cessarão; havendo ciência, desaparecerá; 9 Porque, em
parte, conhecemos, e em parte profetizamos; 10 Mas, quando
vier o que é perfeito, então o que o é em parte será aniquilado.
11 Quando eu era menino, falava como menino, sentia como
menino, discorria como menino, mas, logo que cheguei a ser
homem, acabei com as coisas de menino. 12 Porque agora vemos
por espelho em enigma, mas então veremos face a face; agora
conheço em parte, mas então conhecerei como também sou
conhecido. 13 Agora, pois, permanecem a fé, a esperança e o
amor, estes três, mas o maior destes é o amor.

1 Coríntios 13:1-13

Dedico aos meus filhos
Aos meus fiéis escudeiros e colaboradores
que tanto representam para mim

AFORTUNADA

2012-2014

Não caí de paraquedas, não ganhei 50% de um patrimônio milionário por acaso. Eu trabalhei e fui parte da construção de uma grande empresa que nasceu de um sonho de duas pessoas íntegras que acreditaram que seria possível dar o seu melhor para atender ao maior número de pessoas que precisavam voltar a sorrir, ver a vida com seus dentes em condições de saúde boa. Repetindo o que já comentei antes: dar dignidade.

Uma realização vinda de um simples encontro: um dia, um cientista maluco e uma mulher que amava a família se encontraram e decolaram com o que haviam aprendido de melhor e buscando aprender, aperfeiçoar. Não foi acaso. Foi sempre muito trabalho e Deus em tudo. Assim, quando cheguei aos bilhões da venda para a Straumann, em 2015, com um *valuation* quatro vezes maior do que o que neguei naquele fatídico dia, foi por merecimento, trabalho, conduta e amor ao que acreditei durante muitos anos!

Ali eu estava pronta para me desfazer da Neodent e investir em outros projetos. Ali não era o fim de nada, mas o começo de mais um capítulo da minha história, ao lado dos meus filhos, meus dois tesouros, meus amores e de meus sonhos guardados dentro do meu coração agarrado na ideia de ser feliz sempre.

Ali eu fechei um ciclo que me fez realmente sentir o quanto sou afortunada, amada e conduzida.

Sou a filha escolhida d'Ele.

CLE FASHIONISTA

Para saber que a moda é uma das minhas paixões, é só olhar para mim. Não sou alguém deslumbrada por ela, quero dizer, não sigo à risca o que se usa ou não se usa, pois sou dona do meu estilo e há coisas nas quais acredito que batem com minha personalidade e outras não. Sou apaixonada por me apresentar bem, comprar coisas belas, hoje até digo que consumo bem menos, a não ser quando encontro uma loja nova de *mitaines* ou de bolsas!

Tenho uma coleção de modelos consideráveis de várias marcas muito importantes. No começo desses relatos sobre minha vida, eu contei sobre algumas viagens, mas tem muito mais! Nelas, eu descubro um mundo fascinante. Por exemplo, numa ida a Nova Iorque, a convite da Hermès, visitei um prédio deles lá e acompanhei parte do processo de confecção dos seus famosos lenços em seda e qual não foi a minha surpresa: é usada matéria-prima do Brasil, do Paraná, de Maringá, de um projeto lindo que se chama Casulo Feliz. Fiquei orgulhosa do meu estado!

Poderia escrever um livro só com minhas experiências pelo mundo. São tantas viagens e imersões, seja por minha conta, seja como convidada.

Tive várias maravilhosas: Paris, Versalhes, Cidade do México, Marrocos, Puglia, Sicília e, claro, muitos eventos em São Paulo.

Desde que me tornei uma consumidora importante, é interessante para as marcas que eu esteja numa primeira fila. Eu consumo, eu estou nas listas *vips* deles. Todas essas vivências são especiais, pois me sinto assim.

Em 2019, talvez eu tenha vivido a mais inesquecível delas quando fui convidada para um desfile da Balmain e, ao chegar, na descida do carro, havia um batalhão de fotógrafos pedindo que eu olhasse para eles. Me senti uma pessoa importante naquele momento. Claro que eu sei que tudo é fugaz, mas achei legal. "Seus olhos estão brilhando", disse meu amigo Marcus Contim ao falar comigo mais tarde, vendo-me fascinada. São momentos únicos, raros e que eu nunca cheguei a imaginar viver. Pode parecer bobagem, mas para a menina do vestido de chita não é. É fortuna.

No meio da moda, também tenho feito grandes amigos, como o querido jornalista Bruno Astuto, com quem eu tenho uma relação alegre e enriquecedora. Sempre cheio de belas histórias, com excelente retórica, muitas vezes ele me acompanhou nas apresentações em Paris. É bom conhecer pessoas que você nunca conheceria se tivesse ficado na sua bolha. Posso dizer que furei a minha!

Quando meus filhos se casaram, em 2019, fiz questão de encomendar dois vestidos de alta-costura em Paris. Não foi por esnobismo, mas porque eu já ia mesmo aos desfiles e acredito que encomendar uma peça sob medida, ainda mais para o casamento dos meus dois únicos filhos, era um momento mais que propício, não é? Claro que fiz outras roupas depois. Tenho prazer em vivenciar todas as etapas da alta-costura, mas as duas peças dos casamentos de José Guilherme e João Alfredo com as filhas que ganhei (Maria Luiza e Antonella) foram fantásticas. Eles se apaixonaram por duas mulheres muito especiais e eu, como mãe, queria homenageá-los estando linda! E estava. Aliás, eu sou vaidosa na medida certa. Tenho algumas extravagâncias, mas gosto de vestir roupas confortáveis, não sou de grandes decotes, de nada que seja exagerado. Gosto de ter um lado conectado com o meu passado também no meu vestir.

Mantenho o uso de saias e vestidos longos, camisas, pantalonas soltas, casacos bem cortados, sapatos confortáveis, com salto que eu consiga usar, aliás, apesar de ter muitos pares de sapatos, guardo alguns dos quais não me desfaço, já contei isso?

Com Ana-Karina, minha sobrinha,
em uma saída ou chegada de desfile em Paris.

Em Paris, chegando a um desfile, me sinto uma *star*!

Em todos os momentos, minhas *mitaines* estão comigo. São a minha marca registrada e eu adoro!

Uma primavera linda
para ser fotografada
e deixar minha porção
modelo vir à tona!

Concentrada nos
meus negócios,
um momentinho para
olhar as mensagens
enquanto a refeição
não chega.

Ah, como eu amo
Paris e sua majestosa
arquitetura.

Um dos momentos mais lindos da minha existência: o casamento dos meus filhos, aqui com meu primogênito José Guilherme.

MÃE QUERIDA E TÃO AMADA,

É muito difícil para mim falar de ti, mãe. És a mulher que moldou meu mundo inteiro. És tão incrível que sobram emoções quando penso em te escrever, mesmo estas simples linhas, para demonstrar o tamanho da tua importância para mim, o quanto significas, o quanto sou grato por ser teu filho, fruto teu, alguém que veio ao mundo com a força do amor de uma mãe incrível.

Contigo aprendi valores sólidos que me acompanham o tempo todo, em minha vida pessoal, profissional, como homem, como cidadão. Sei que querias mais que tudo nos dar o melhor e, para que isso acontecesse, foste incansável.

Minha mãe querida, és uma mulher incrível, uma mulher moderna, estás e sempre estiveste à frente de teu tempo e, mesmo se dedicando intensamente ao teu trabalho e ao teu crescimento profissional, nunca deixaste de ser extremamente amorosa. Lembro-me de como estivemos em primeiro lugar na tua vida, pelo amor que nos dedicaste nos acompanhando no que fazíamos em casa ou fora, nos estudos ou em nossas vidas em sociedade, mesmo trabalhando muito e chegando cansada, ainda assim nos davas o máximo carinho.

Temos um legado gigantesco vindo de ti. Obrigado por nos educar com valores, por nos mostrar que é importante termos ética em tudo que fazemos e pela imensa compaixão ao próximo que herdamos como regra máxima de compromisso com a vida. Através de ti, entendi a importância de valorizarmos nossas raízes, pude entender que não sou nada se eu não tiver olhos bons ao mundo, assim como os seus, sempre vibrante e trabalhando para dar-nos o melhor, sem perder teu espírito maternal de nos cuidar, nos carregar no colo, zelar pelo nosso bem. Tua transmissão é imensa, completa e valorosa. Com tua fé inabalável, nos criaste livres para sermos quem quiséssemos. E somos, mãe.

Ao teu lado aprendi que é importante viajar, e quantas viagens maravilhosas fizemos juntos e ainda faremos, mãe!

Eu sou afortunado por ter sido criado e por ter nascido de uma mulher como tu és.

Obrigado por teres acreditado na nossa família, por teres e seres perfeita, a mulher que não poupa energia por nós, a vó amorosa que és para minha filha, a empresária dedicada que trabalha ao meu lado.

Mãe, te amo muito, você é minha maior, a minha grande fonte de inspiração.

JOSÉ GUILHERME

No casamento do meu caçula, João Alfredo,
com outro modelo de alta-costura Dior.

QUERIDA MÃE,

Nascida em Sapopema, você veio ao mundo com um coração imenso e bolsos vazios. Hoje, escrevo esta carta para expressar minha admiração e meu amor por sua jornada extraordinária.

Você, mãe, começou sua aventura com sonhos e uma determinação inabalável. Sua mudança para Curitiba, que para você significava sonhos e oportunidades, foi como um episódio de um filme de aventura, enfrentando desafios inimagináveis. Chegando aqui, sem dinheiro ou bens, você começou a escrever sua própria história – uma trama que ultrapassa os filmes de superação mais inspiradores.

Com a força de uma guerreira e a sensibilidade de uma contadora de histórias, você transformou o vazio em oportunidade, construindo a que hoje é uma das maiores empresas de implantes dentários do mundo. Ao longo dessa jornada, você não apenas conquistou sorrisos e amigos, mas também construiu um legado de paixão, força e perseverança.

Mesmo enfrentando o inesperado e desafiando todas as probabilidades, você sempre encontrou tempo para nos acolher com um sorriso contagiante e um abraço caloroso. Sua história, repleta de altos e baixos, risos e lágrimas, é um verdadeiro testemunho de que com coragem e amor, tudo é possível.

Mãe, você é a prova viva de que, mesmo nas circunstâncias mais adversas, podemos erguer castelos de sucesso e felicidade. Com esta carta, quero que sinta o quanto a sua história toca o meu coração, mostrando que sonhos, quando perseguidos com amor e coragem, se tornam realidade.

Com todo o meu amor,

JOÃO ALFREDO

Na plenitude com meu marido, Mamá!

UM ANJO EM MINHA VIDA!

Sou muito grato a Deus por colocar as pessoas certas no meu caminho. Num momento de vida em que eu estava desacreditado, desiludido com alguns acontecimentos nos negócios e nas relações amorosas, apareceu um anjo em minha vida: Clemilda Thomé.

Você chegou para acrescentar, para somar, para fechar comigo. E a nossa jornada tem sido muito importante para mim.

Quando se começa um relacionamento com muita expectativa, pode vir a frustração, e nada melhor do que o aprendizado para que possamos crescer e desenvolver.

Nós entramos de cabeça na nossa relação, um encontro de pessoas que se amam e buscam o desenvolvimento humano. Com inteligência emocional, avançamos e chegamos ao casal feliz que somos hoje. Isso é fantástico.

Sou muito grato a você, Clemilda, por isso e por muitas outras coisas, grandes e pequenas, porque com você também aprendi que é importante dar valor a tudo. Viver intensamente. Agradeço por ter me ajudado a performar nos meus negócios. Sua experiência de vida, sua alta capacidade e seu discernimento com as pessoas me ensinam muito.

E sou também muito grato pelo seu carinho por mim todos os dias de nossas vidas, por estarmos 99% do nosso tempo perto um do outro. Agradeço até os momentos deliciosos em que fazemos nossas refeições Tudo isso engrandece a minha vida.

Você trouxe uma bagagem de vida fantástica, de uma mulher de grandes vitórias, uma trabalhadora, uma visionária, uma mulher que vive intensamente seus dias. Além do grande amor que nutrimos um pelo outro, tive seu apoio. Você acreditou e acredita em mim, me dá a mão, muitas vezes é minha guia, assim como sou e quero ser para você.

A nossa relação é um tesouro. O que construímos juntos, por meio do seu apoio, sua parceria, sua confiança e sua paixão, é uma vitória nossa, meu amor!

Este livro é um pequeno resumo de uma vida de muita sabedoria e de muita ajuda ao próximo. Fico feliz em ter participado dele, em estar ao seu lado. E que possamos ter muitos e muitos anos de alegria.

MAMÁ BRITO

No topo: Momentos de viagens fashionistas: na Escócia, onde vivi uma das muitas experiências incríveis com a moda. Abaixo: No avião. Quem diria que aquela menina que brincava com galhos secos chegaria tão longe.

Amo uma pose! Aqui fui a um desfile Dior e,
nessa mesma temporada, passeando por Paris.

Meu vestido
alta-costura pronto
para ser usado no
dia do casamento
do José Guilherme.
Fiquei bonita!
Eu amei o resultado,
pois a peça transmitiu
exatamente meu desejo
naquele dia: leveza!

Antes de ir a um desfile, algumas poses no meu apartamento em Paris, claro que com meu *fascinator* e minhas *mitaines*.

ATANDO AS PONTAS DA VIDA

CURITIBA, DEZEMBRO, 2023

Em alguns dias é Natal, dia do meu aniversário, época de mesada de anjo, de relembrar o nascimento do Menino Jesus, de compartilhar o que de melhor temos. Daqui de onde estou hoje, do alto de meus quase 70 anos, penso muito no tanto que posso e quero fazer. Tenho o sonho ainda de passar uma mensagem às crianças pobres, como eu fui um dia; às mulheres que se sentem cansadas e solitárias na busca por reconhecimento profissional, às filhas que têm saudade das mães, aos que não têm o que comer e nem sabem por onde começar para resolver sua grande problemática.

De onde venho, conheci tudo isso: fui cozinheira, passadeira, lavadeira, fiz muito trabalho doméstico até ter acesso a trabalhos mais bem remunerados. Queria ver um mundo melhor, com mais pessoas confiando nelas mesmas, acreditando que a fé ajuda e move a montanha, pois, se eu pude e fiz, você também pode.

Quero levar este livro a escolas, comunidades, e dizer aos jovens: trabalhem, estudem, tenham fé e o milagre vai acontecer. Sei que não é fácil. Levei muitos anos até sair do patamar de dificuldades e poder dar uma boa vida para os meus filhos.

Gramei muito com meus irmãos para melhorar de vida. Não tivemos todos o mesmo destino. Não falo com todos eles, mas os ajudo sempre que necessário. Alguns estão mais próximos. Um deles, o João Roberto Rodrigues de Paula, que não está mais aqui, me aconselhou muito na época da Neodent. Ele começou como office boy no aeroporto e saiu como presidente da Infraero. Fez duas faculdades. Já o Pedro é quem até hoje faz o *link* entre os irmãos. Ele traz e leva notícias e cuida para saber se todos estão bem. Dia desses, me perguntaram numa reunião se eu tinha um sobrinho chamado Djalma, que é pintor de paredes. Respondi que provavelmente tenha, pois são 45 sobrinhos, nem todos perto de mim. Acredito que todos daquela turma, que veio unida viver e batalhar pela vida em Curitiba naquele fatídico ano de 1964, tiveram a mesma formação, saíram da mesma forma, mas o que mudou de uns para outros? A determinação, talvez a fé, no meu caso, inabalável.

Daquele dia lindo em que meu pai me deu meu primeiro emprego e conquistei meu "campo de balas", uma coisa não mudou em mim: minha vontade de vencer, conquistar, trabalhar, ser alguém na vida. E fui. E sou.

E serei sempre uma filha de Deus.

Uma afortunada.

POSFÁCIO

POR ANA-KARINA DE PAULA ALLEN

É com imenso calor humano (que só a família nos proporciona) e com uma admiração transcendental que dedico estas palavras à minha tia e segunda mãe, Clemilda. Este livro é mais do que uma biografia: é um legado de superação, de tenacidade e de uma liderança desbravadora.

Clemilda desenhou sua jornada com pinceladas de coragem, vinda de uma família imigrante no Brasil, enfrentando desafios avassaladores. Com uma determinação férrea, emergiu para se tornar uma das principais lideranças femininas no cenário empresarial brasileiro.

Tive o privilégio de ser criada por essa mulher extraordinária, a quem devo não somente cuidados e carinho maternal, mas também lições que moldaram fundamentalmente o meu ser. Fui honrada e grata de ter iniciado minha jornada profissional sob sua tutela aos 18 anos, enquanto estudava na universidade. Na Neodent, não fui somente recepcionista, mas uma aprendiz nas multifacetas de um negócio. Através de um infindável aprendizado prático, ela incutiu em mim uma ética de trabalho que transcende profissões, que me acompanhou durante a minha carreira na Vogue britânica e, mais recentemente, na Tiffany.

A presença de Clemilda é uma constante norteadora. Seu *ethos* de nunca desistir deixou em mim um fervor pela vida e uma tenacidade para enfrentar todos os desafios. Sua influência se faz presente em cada decisão que tomo, em cada estratégia que implemento na diversa indústria do varejo de luxo. Suas lições são o substrato no qual meu sucesso pessoal e profissional foi construído.

Mas não é só no âmbito profissional que minha querida tia deixou suas marcas. Sua apresentação impecável me inspirou a seguir uma carreira na moda e a perceber o quão poderosa nossa imagem pode ser – um cartão de visitas que fala antes de nos apresentarmos.

Hoje, distante fisicamente da minha terra natal, carrego comigo os valores e a cultura que Clemilda me transmitiu. Foram sua força e seu apoio que me impulsionaram a voar alto e encarar novos mundos fora de nosso cantinho no Brasil.

Este livro, portanto, é mais do que um relato: é uma bússola que aponta para o que verdadeiramente importa. É sobre lutar com bravura, sonhar com convicção e triunfar com humildade. Clemilda não somente escreveu suas memórias, mas deu diretrizes para todos nós que buscamos inspiração em alguém que fez da adversidade seu trampolim e da resiliência sua companhia mais fiel.

Ao eternizar sua história, minha tia nos confere o privilégio de compartilhar as lições que podem iluminar aspirações e direcionar caminhos. E, nas entrelinhas desta obra, descansa o amor incalculável que sinto por esta grande mulher, meu modelo a ser seguido, minha tia Clemilda.

Com amor e gratidão.

OBRIGADA

Ser grato, agradecer por tudo o que se tem, se conseguiu, se é, agradecer a quem sempre esteve ao nosso lado, quem está e aos que nunca estiveram, mas se incomodaram com quem somos...

Aqui nestas páginas, quero agradecer a todos os que estão no meu caminho da vida, de todas as maneiras, boas e ruins, porque me ajudaram a ser quem sou.

Aos meus irmãos e irmãs amados, todos e todas, sem exceção, tão importantes para eu me tornar quem eu sou. Cada um, do seu jeito, seja na infância, seja na fase em que migramos para Curitiba, foi essencial para que eu pudesse seguir em frente, ainda pequena, ainda com uma saudade infindável dos tempos ao lado dos nossos pais. Vocês foram meu porto seguro e com vocês aprendi a dar meus passos firmes sozinha. Obrigada, com todo o meu amor.

Aos meus amigos de todas as épocas e de todos os tempos – escassos ou fartos – que vivi. Amigos são a família que ganhamos ao longo da nossa trajetória. Sabemos que podemos contar com eles. Tive e tenho grandes amigos e com eles evoluo numa linda cadência de compreensão, solidariedade e afeto.

Quero também agradecer infinitamente a todos os meus colaboradores, que fazem o melhor para que meus filhos, noras, neto, netas, e eu tenhamos a vida que temos. Aos que trabalham em nossas casas, no berço de nossa intimidade, sempre lado a lado, nos cuidando e zelando pelo nosso bem-estar. Agradeço a todos do fundo do meu coração. E aos que trabalham nas minhas empresas, agradeço a vocês imensamente. Sem a competência e a garra de vocês, nada seria possível.

E também a meus mentores, que me emprestaram sabedoria e dispuseram de uma parte de seu precioso tempo para me ensinar, me dar a mão, me conduzir ao caminho que trilhei com a cabeça cheia de boas palavras e excelentes conselhos. Valeu! Com vocês, fiquei ainda mais forte. Obrigada.

E nessa onda de agradecimento, digo obrigada até aos que, de alguma maneira, se opuseram no meu caminho, aos que não concordaram comigo, não me deram a mão ou não levaram a sério meus propósitos de vida, pois com eles também aprendi!

Sintam-se abraçados!

CLEMILDA

Cada vez que você deixa
de fazer algo hoje, o futuro
sonhado se torna um dia
mais distante.

Clemilda Thomé

CRÉDITOS DAS IMAGENS

ACERVO PESSOAL pp. 64, 65, 66, 67, 68, 69 e 207.

ADALBERTO RODRIGUES p. 188.

ANA GARMENDIA pp. 185 (no topo e ao centro) e 193 (à esquerda).

ANTÔNIO MORE p. 158.

BOB WOLFENSON pp. 2, 17, 199 e 205.

HASSUM pp. 159, 162 e 163.

IUDE RICHELLE pp. 182, 183, 185 (inferior), 192, 193 (à direita) e 195.

KRAW PENAS pp. 186 e 194.

MARIANA LIMA p. 190.

PATRÍCIA AMANCIO pp. 160 e 161.

RODRIGO KRISTENSEN p. 184.

ADEUS, ROMÃO!

Durante a finalização do livro, meu gato amado Romão se foi. É doloroso demais perdê-lo. Nossos animais de estimação são conexões que temos com Deus. Diria que uma das mais poderosas, pois através deles temos uma grande manifestação de amor, cumplicidade, companheirismo.

Romão trouxe uma evolução à minha vida. Com ele aprendi muito, me acalmei, recebi uma energia curativa, seja no seu doce e forte olhar, seja em tantas manifestações de carinho com sua presença sempre tão caridosa. Romão nos deixou mostrando o quanto foi importante tê-lo por perto. A ele agradeço os ensinamentos. A ele dedico também este livro.

Brilha no céu, gatinho querido! Vou sentir falta das noites em que me levantava para ouvir o seu miado e ver se estava bem. Vai deixar um vazio na minha vida, mas entendo que precisava partir. Obrigada pelo tempo que nos dedicou. Foi luz por aqui. Será luz agora na eternidade.

Fontes ELECTRA e MONTSERRAT
Papel PÓLEN BOLD 90 G/M²
Impressão GEOGRÁFICA